Claudia Kostka
Sebastian Kostka

Der Kontinuierliche Verbesserungsprozess

Methoden des KVP

2. Auflage

W0038788

HANSER

Inhalt

1 Einleitung

1.1 Der Kontinuierliche Verbesserungsprozess

Der Begriff Kontinuierlicher Verbesserungsprozess (KVP) bringt auf prägnante Weise den gemeinsamen Kern verschiedener Konzepte und Methoden für effektivitäts- und effizienzsteigernde Veränderungen von Organisationen zum Ausdruck.

> Ein Unternehmen im Sinne der KVP-Philosophie zu führen, bedeutet die „ständige Verbesserung unter Einbeziehung aller Mitarbeiter – Geschäftsleitung, Führungskräfte und Arbeiter". [Imai 2001]

Grundgedanke

Der Kunde ist dabei stets die wichtigste Orientierung. Alle im Unternehmen ablaufenden Prozesse werden auf ihn ausgerichtet. Er legt die zu produzierende Qualität fest, und die Gesamtleistung wird durch Reduzieren der im Prozess aufgedeckten Verschwendungen kostengünstiger und schneller erbracht.

Denn, „das Ziel von KVP ist die umfassende Verbesserung der Qualität und Effizienz in einem Unternehmen. Diese Zielvereinbarung soll von allen Mitarbeitern getragen werden, sie ist dynamisch angelegt und will keine Ruhekissen auf den Lorbeeren erreichter Teilziele schaffen, sondern in stetigem und immer wieder ablaufendem Prozess höhere Standards setzen und diese von neuem verbessern." [Agamus 1996]

Wesentlich für die KVP-Philosophie ist die Aktivierung eigenverantwortlicher Denk- und Verhaltensweisen bei allen

Mitarbeitern im Unternehmen. KVP ist dabei als eine Philosophie zu verstehen, der folgende Denkweisen zu Grunde liegen:

- Verbesserung und Erhaltung,
- Mitarbeiterorientierung,
- Qualitätsorientierung,
- Prozess- und Ergebnisorientierung,
- Kunden-Lieferanten-Beziehungen,
- In Daten sprechen.

Ständiges Anwenden spezifischer Methoden führt zu Verhaltensänderungen. Dies kann das Betriebliche Vorschlagswesen sowie Qualitätszirkel und Gruppenarbeit [dazu Kühl; Kullmann 2002] genauso beinhalten wie die in diesem Pocket Power beschriebenen Methoden.

1.2   Aufbau des Buches

Im ersten Schritt werden zunächst Überlegungen zu Veränderungsprozessen in Unternehmen angestellt, um dann die wesentlichen Grundlagen des Kontinuierlichen Verbesserungsprozesses darzustellen. Anschließend wird ein prinzipieller Leitfaden zur Einführung von KVP vorgestellt.

Ohne entsprechende Methoden ist jedoch auch der beste Leitfaden nutzlos. Daher werden in einem zweiten Teil Methoden zur erfolgreichen Umsetzung und zum dauerhaften Etablieren des KVP ausführlich erläutert. In Anlehnung an die Veröffentlichungen in der Reihe Pocket Power werden folgende sieben Methoden vorgestellt:

- Moderatorenschulung,
- Verschwendungssuche,
- 5 A-Aktion,

▶ Prozessmapping,
▶ Zielvereinbarung,
▶ Teamentwicklung,
▶ Visuelles Management.

Es wird zunächst die prinzipielle Vorgehensweise dieser Methoden beschrieben. Anschließend werden Hinweise zur Anwendung einzelner Instrumente gegeben. Die theoretischen Grundlagen sowie die Methoden des KVP werden in folgenden drei Teilschritten erläutert.

WORUM GEHT ES?

Unter dieser Fragestellung werden die der jeweiligen Methode zu Grunde liegenden Theorien erläutert.

WAS BRINGT ES?

Unter dieser Fragestellung werden die Möglichkeiten und Grenzen des Konzeptes von KVP oder der jeweiligen Methode aufgezeigt.

WIE GEHE ICH VOR?

Unter dieser Fragestellung wird die zu Grunde liegende Vorgehensweise beschrieben. Für den praktischen Einsatz werden ausgewählte Instrumente aufgeführt.

 Unter diesem Symbol werden Hinweise und Tipps gegeben, die bei der Einführung von KVP sowie bei der Anwendung der Methoden besonders beachtet werden sollten.

 Dieses Symbol weist auf besondere Stolpersteine hin.

Wir wünschen Ihnen viel Spaß beim Lesen dieses Pocket Power, und für die Ein- bzw. Weiterführung Ihres KVP viel Erfolg, aber auch etwas Geduld, denn Verhaltensweisen lassen sich nur mit Konsequenz und Kontinuität verändern.

2 Grundlagen von KVP

2.1 KVP und Kaizen

Der japanische Begriff KAIZEN bedeutet „das Gute verbessern" oder „Veränderung zum Besseren", womit die Forderung nach einem ständigen Verbesserungsprozess zum Ausdruck gebracht wird. Kaizen ist damit nicht nur eine Methode, die bei Bedarf eingesetzt wird, sondern eine prozessorientierte Denkweise, die sowohl Ziel als auch grundlegende Verhaltensweise im täglichen (Arbeits-) Leben ist. [Kamiske; Brauer 1999]

Mit gleicher inhaltlicher Bedeutung wird Kaizen in der deutschen Übersetzung als Kontinuierlicher Verbesserungs-Prozess (KVP) bezeichnet.

Obwohl KVP häufig fälschlicherweise nur als Gruppenarbeitskonzept verstanden wird, ist es eine Geschäftsführungsphilosophie, die im Wesentlichen dem japanischen Managementkonzept KAIZEN entspricht.

KVP ist eine Philosophie, der ein Konzept zu Grunde liegt. Die Philosophie heißt Verbesserung der Produktivität, kontinuierlich und konsequent in kleinen Schritten. Das Konzept ist eine systematische Vorgehensweise des Planens, Durchführens, Checkens und Agierens, sodass die Arbeitsabläufe und -verfahren kontinuierlich verbessert werden können (Bild 1).

KVP enthält im Prinzip keine neuen Elemente, viele von ihnen sind bereits seit Jahren bzw. Jahrzehnten bekannt.
Neuartig und entscheidend für den Erfolg von KVP ist jedoch, dass es einen ganzheitlichen Ansatz zur Unternehmensverbesserung bietet. Es ist der Wegbegleiter für Total Quality Management und unterstützt Unternehmen bei der Umsetzung der EFQM-Kriterien. [Radtke; Wilmes 2002]

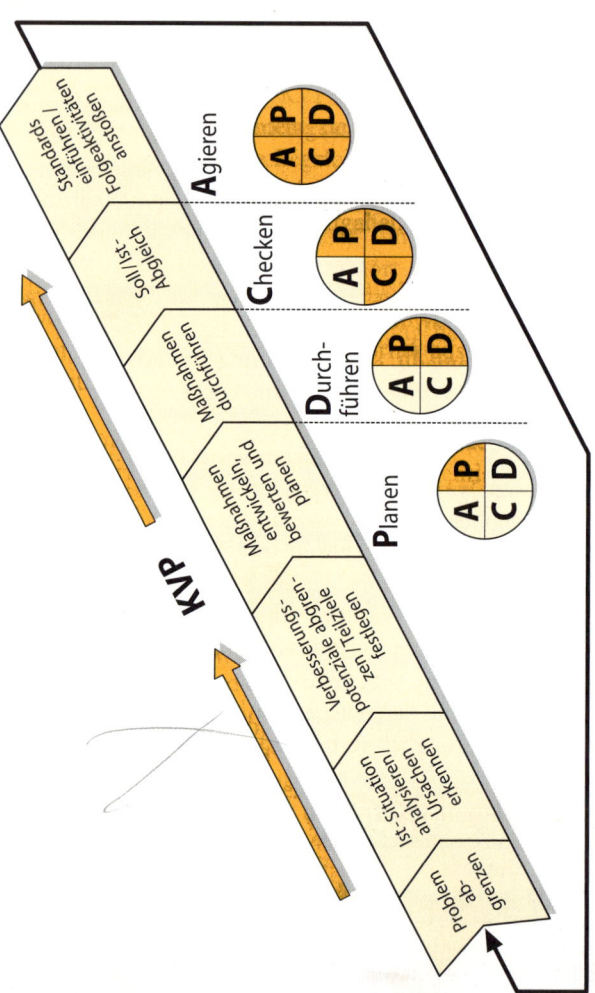

Bild 1: *Kontinuierlicher Verbesserungsprozess*

KVP basiert auf der Erkenntnis, dass nicht nur einzelne Leitlinien, Methoden, Werkzeuge und Unternehmensziele zu berücksichtigen sind, sondern dass alle Komponenten in einen Gesamtzusammenhang gebracht und eingesetzt werden müssen.

Im Rahmen von KVP wird die Kreativität der Mitarbeiter im Sinne der Unternehmensziele stimuliert und koordiniert, um den Anteil an Wertschöpfung zu erhöhen und Verschwendungen zu minimieren. Dies erfordert eine konsequente Präsenz der Führungskräfte *am Ort der Wertschöpfung,* um dort den Verbesserungsprozess in Gang zu setzen, nachhaltig zu unterstützen und zu stabilisieren.

2.2 Denkweisen im Rahmen von KVP

KVP ist keine Methode, KVP ist eine (Geschäftsführungs-) Philosophie, deren Umsetzung im betrieblichen Alltag durch die Anwendung von Methoden gefördert wird. KVP beruht dabei auf verschiedenen Denkweisen, die alle gleichsam zu berücksichtigen sind:

▶ Verbesserung und Erhaltung
▶ Mitarbeiterorientierung
▶ Qualitätsorientierung
▶ Prozess- und Ergebnisorientierung
▶ Kunden-Lieferanten-Beziehungen
▶ In Daten sprechen

Um ein Unternehmen nach diesen Prinzipien führen zu können, ist häufig eine grundlegende Verhaltensänderung aller Mitarbeiter die Grundvoraussetzung. Dabei reicht es nicht aus, dass das Management KVP verbal unterstützt, es muss vielmehr mit gutem Beispiel vorangehen und diese Prinzipien glaubhaft vorleben.

Im Folgenden werden die oben genannten Prinzipien kurz dargestellt.

2.2.1 Verbesserung und Erhaltung

Aus der Sicht westlicher Manager ist es – neben der Erledigung des Tagesgeschäfts – Aufgabe der Unternehmensleitung mit Unterstützung durch Fachkräfte und Verantwortliche, Verbesserungen durch Innovationen zu bewirken.

> Unter Innovation wird eine umfassende Erneuerung in einem bestimmten Bereich verstanden, die meist revolutionär-umwälzend stattfindet, die Aufmerksamkeit auf sich zieht und in der Regel ein einmaliger, abgeschlossener Vorgang ist. [Kamiske; Brauer 1999]

 Dabei wird zwar eine sprunghafte Verbesserung erzielt, jedoch ist zu bedenken, dass jedes System ab dem Zeitpunkt des Etablierens dem Verfall preisgegeben ist. „Ein Parkinsonsches Gesetz besagt, dass der Niedergang einer Organisation mit der Fertigstellung des Gebäudes, in dem sie untergebracht wird, beginnt.
In anderen Worten: Bereits zur Erhaltung des Status quo bedarf es beständiger Anstrengungen. Wenn diese nicht unternommen werden, ist der Niedergang unvermeidlich." [Imai 2001]

Damit der durch eine Innovation erreichte Stand erhalten bleibt, muss eine Reihe von Aktivitäten folgen, um diesen Zustand zu stabilisieren und zu verbessern. Dies entspricht dem Charakter von KVP. KVP liegt eine evolutionäre Vorgehensweise zu Grunde, die ständig erfolgt und nie als abgeschlossen gilt. Erreichte Standards werden nicht nur erhalten, sondern stets in kleinen Schritten weiter verbessert.

Neben der Innovation als drastischer Verbesserungsmaßnahme mit einschneidenden Veränderungen kann die „*Verbesserung des Status quo in kleinen Schritten als Ergebnis laufender Bemühungen*" [Imai 2001] erfolgen. Die kontinuierliche Verbesserung stellt dabei keine Alternative zur Innovation dar, sie ist vielmehr als Ergänzung zu verstehen (Bild 2).

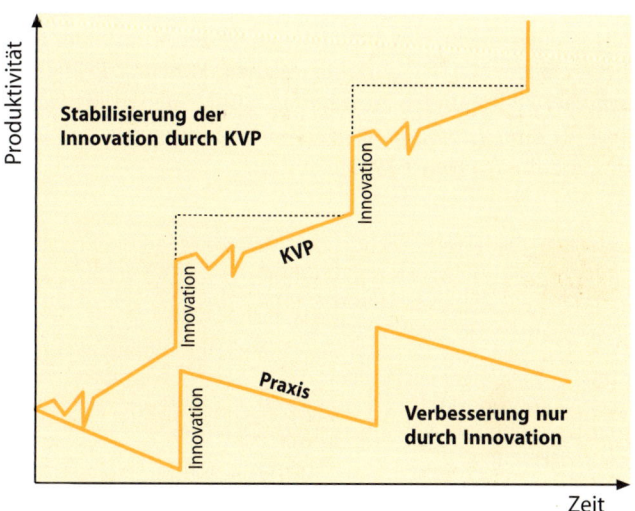

Bild 2: *Verbesserung und Innovation*

Alle Mitarbeiter und Führungskräfte bekommen somit die Aufgabe, durch kontinuierliche Verbesserung zum Erfolg des Unternehmens beizutragen.

2.2.2 Mitarbeiterorientierung

Im Mittelpunkt von KVP steht der kompetente und kreative Mitarbeiter, der auf die permanent wechselnden Bedingungen des Marktes flexibel reagieren kann. Das Wissen und die Fähigkeiten der Mitarbeiter werden als das wichtigste Kapital des Unternehmens betrachtet.

Obwohl viele Unternehmen dies bereits erkannt haben, handeln erst sehr wenige danach. Es gibt Schätzungen, dass rund 80 % der Mitarbeiterfähigkeiten in deutschen Unternehmen nicht genutzt werden.

Die Mitarbeiter verfügen über Potenziale für enorme Leistungssteigerungen. Um diese Potenziale der Mitarbeiter aller Hierarchieebenen zu entfalten, haben Führungskräfte die Aufgabe, Bedingungen zu schaffen, „unter denen Menschen Spaß an ihrer Arbeit haben und Anerkennung für ihre Leistung erhalten" [Tikart 1993].

 Dabei ist es wichtig, dass sich die Mitarbeiter mit ihren Aufgaben identifizieren. Dafür müssen sie aktiv an der Entwicklung der ihr Aufgabengebiet betreffenden operativen und strategischen Ziele beteiligt werden. Die Identifikation mit den Zielen des Unternehmens wird durch die Entwicklung eines Vertrauensverhältnisses zwischen Führungskraft und Mitarbeitern unterstützt. Dafür ist das gemeinsame Vereinbaren von Zielen eine wesentliche Voraussetzung.

Um Machtbarrieren zu überwinden und neue Verhaltensregeln zu erlernen, bietet die Zusammenarbeit in (Projekt-)Gruppen Unterstützung.

Die Einbindung und Beteiligung der Mitarbeiter an Entscheidungsprozessen erschließt deren Problemlösungs- und

Kreativitätspotenziale und erhöht die Identifikation mit der eigenen Arbeit. Denn selbst erarbeitete Problemlösungen wirken motivierend, geben Einsichten in übergeordnete Zusammenhänge sowie die Bedeutung der eigenen Leistung für den Unternehmenserfolg. Sie tragen zur Veränderung von Verhaltensweisen und zu gegenseitigem Verständnis und Vertrauen bei.

Für Führungskräfte bedeutet dies, ihre Mitarbeiter zu selbstverantwortlichem Handeln zu befähigen, zu ermutigen und zu ermächtigen [Kostka 2002].

 Das Umsetzen von KVP erfordert daher ein Training aller Mitarbeiter und Führungskräfte. Ein fataler Fehler wäre jedoch zu glauben, dass ein Training allein das Verhalten der Mitarbeiter ändern würde. Es muss vielmehr sichergestellt werden, dass das Erlernte sofort eingesetzt werden kann.

2.2.3 Qualitätsorientierung

KVP beinhaltet die unternehmensweite Verpflichtung zur Qualität. Das bedeutet, die eindeutige Aufforderung an alle Unternehmensbereiche zur permanenten Qualitätsverbesserung.

Die gezielte Qualitätsverbesserung setzt eine eindeutige Bestimmung von Qualität voraus. Diese erfolgt durch den externen bzw. internen Kunden, da er die Qualität der erzeugten Produkte und Dienstleistungen durch seine Anforderungen definiert.

Die International Standards Organization (ISO) definiert **Qualität** als „den Grad, in dem ein Satz inhärenter Merkmale Anforderungen erfüllt." [DIN EN ISO 9000:2000]

Ein Merkmal ist eine Einheit kennzeichnende Eigenschaft. Inhärente Merkmale sind solche, die einer Einheit ständig zugeordnet sind.

Damit können einerseits objektive Merkmale gemeint sein, die in technischen Richtlinien und Beschreibungen klar definiert sind.

Andererseits werden darüber hinaus subjektive Merkmale berücksichtigt, wie z. B. Erwartungen, Wünsche und Bedürfnisse des Kunden.

Daher reicht die Beschränkung der Qualitätsbemühungen auf das Produkt allein nicht aus. Die Kundenzufriedenheit wird außerdem durch Kriterien wie Service, Pünktlichkeit, Genauigkeit u. Ä. beeinflusst.

Das bedeutet, dass sich Qualitätsmaßstäbe nicht mehr ausschließlich auf Produkte und Dienstleistungen beziehen, sondern die Prozesse ihrer Entstehung als wesentliche Komponente mit einbezogen werden.

Um die Bedürfnisbefriedigung des Kunden zu gewährleisten, spielt die ganzheitliche Betrachtung von Produkten eine zunehmende Rolle.

 Es wird davon ausgegangen, dass die Sicherung der Qualität jedes einzelnen Prozessschrittes die Qualität des fertigen Produkts sichert. Verbesserungsbemühungen im Unternehmen müssen daher sowohl auf die Produkt- als auch auf die Prozessqualität abzielen.

2.2.4 Prozess- und Ergebnisorientierung

Die Gestaltung von Arbeitsabläufen orientiert sich noch stark an der funktionalen Gliederung von Geschäfts- bzw. Abteilungsstrukturen (Taylorismus). Aufgrund dieser Strukturen besteht die Notwendigkeit, vorgegebene funktionale Ziele anzustreben, die zwangsläufig Teiloptimierungen zur Folge haben. Durch die Optimierung dieser funktionalen Gliederungen sind zunehmend voneinander abgegrenzte Organisationsstrukturen entstanden, die eine gemeinsame Umsetzung von globalen Zielen erheblich erschweren. Dadurch ist es häufig nicht möglich, auf Kundenwünsche und -anforderungen schnell, kostengünstig und mit der erwarteten Qualität zu reagieren.

 Um die permanente Anpassung an sich ändernde Kundenanforderungen vornehmen zu können, ist ein Denken in Prozessen, die sich an der Erfüllung der Kundeninteressen ausrichten, erforderlich. Dadurch können Teiloptimierungen vermieden werden.
Ein Prozess wird definiert als „ein Satz von in Wechselbeziehung oder Wechselwirkung stehenden Tätigkeiten, der Eingaben in Ergebnisse umwandelt" [DIN EN ISO 9000:2000].

Generell können alle Arbeitsabläufe als Prozesse (Bild 3) betrachtet werden, denn sie bestehen aus Eingaben (z. B. Material, Informationen), aus Tätigkeiten (z. B. Prozessschritte, Verfahren) und aus Ergebnissen (z. B. Produkt, Dienstleistung, Information).

 Prozessorientiertes Denken und Handeln bedeutet, die geplante Abfolge von Tätigkeiten, sodass ein berechenbares, gewünschtes Ergebnis erzeugt werden kann. Die Rückkopplung vom Kunden (z. B. Zufriedenheit mit dem Produkt oder der Dienstleistung) dient der kontinuierlichen Verbesserung der Prozesse (unter Beachtung von Qualität, Kosten, Zeit).

Dabei kommt der Plan-Do-Check-Act-Zyklus (PDCA-Zyklus) zum Einsatz, der zugleich Anwendungs- und Erklärungsmodell ist. Der PDCA-Zyklus ist primär eine Handlungsanweisung, die bei ständiger Anwendung zur prozessorientierten Denkweise wird.

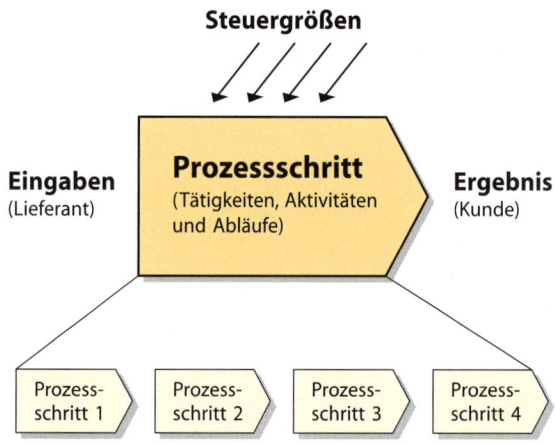

Bild 3: *Prozess*

Neben der Prozess- ist jedoch auch die Ergebnisorientierung von Bedeutung, denn hier können neue Ideen und langfristige Strategien entwickelt werden.

 Gerade hier jedoch besteht – bedingt durch kurzfristiges Erfolgsdenken – die Gefahr einer Suboptimierung von Abteilungserfolgen.

Ausschließlich ergebnisorientiertes Führen ist auf kurzfristige Gewinnmaximierung fixiert. Damit lassen sich keine Veränderungen am laufenden Prozess erzielen.

 Daher wird man nur unter Berücksichtigung **beider** Richtungen zum Ziel gelangen. Prozess- und Ergebnisorientierung stellen keinen Gegensatz dar, sondern bedingen sich gegenseitig, wobei der Schwerpunkt auf der Seite der Prozessorientierung liegt, da diese eine hohe Beeinflussbarkeit des Prozesses bietet. Es kann eben schon während des Prozesses eingegriffen werden und nicht erst, wenn der Prozess bereits abgeschlossen ist und das Ergebnis vorliegt.

2.2.5 Kunden-Lieferanten-Beziehungen

Im Rahmen der KVP-Philosophie ist unter dem Begriff „Kunde" nicht ausschließlich der Abnehmer des Produktes auf dem Markt zu verstehen. Es wird vielmehr in externe und interne Kunden unterschieden, wobei mit „externen Kunden" die Nutzer der Produkte außerhalb des Unternehmens gemeint sind.

„Interne Kunden" sind diejenigen Personen bzw. Abteilungen, die ein Produkt oder eine Dienstleistung als Vorleistung für die eigenen Prozesse benötigen.

Durch diese Betrachtungsweise gibt es für jeden Prozessschritt mindestens einen Lieferanten, der die Eingaben liefert und mindestens einen Kunden, der die Ergebnisse erhält.

Mit den Begriffen „interner Lieferant" und „interner Kunde" sind im Folgenden immer sowohl der vorgelagerte bzw.

nachgelagerte Prozessschritt (bzw. Aktivität) als auch die entsprechende betriebliche Funktion gemeint. Jeder Prozess ist somit gleichzeitig Kunde und Lieferant (Bild 4) [siehe Füermann; Dammasch 2002].

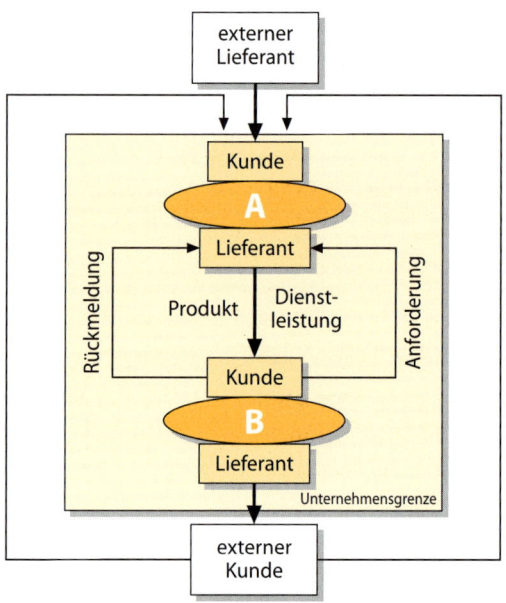

Bild 4: *Kunden-Lieferanten-Beziehung*

Produktanforderungen werden somit personifiziert. Durch das Spezifizieren der internen Kundenerwartungen ergibt sich ein eindeutiges Anforderungsprofil hinsichtlich der zu erfüllenden Aufgaben.

2.2.6 In Daten sprechen

In Daten zu sprechen ist ein wichtiges Prinzip bei KVP, denn zur kontinuierlichen Verbesserung sind Messgrößen zwingend erforderlich. Im Unternehmen identifizierte Probleme und aufgedeckte Verschwendungen können mittels Messgrößen eindeutig bestimmt und dargestellt werden. Erst durch Messzahlen bzw. Kenngrößen werden konkrete Zielsetzungen zu daraus resultierenden Verbesserungsvorhaben ermöglicht. Die Problemlösung und Entscheidungsfindung für Verbesserungsmaßnahmen sowie die Fortschrittsüberwachung beruhen ebenfalls auf messbaren Daten.

 Dabei ist zu beachten, dass messbare Größen in diesem Sinne nicht zwangsläufig Zahlenwerte sein müssen. Auch eine Ja/Nein-Aussage stellt bei einer Reihe von Anwendungen eine Messgröße dar. Dies gilt vor allem bei Verbesserungsmaßnahmen, wo das Erreichen des Zieles selbst das Ergebnis (erreicht/nicht erreicht) darstellt, z. B. bei Umstrukturierungs- und Schulungsmaßnahmen. Auch individuell formulierte Anforderungen der Kunden sollten als qualitative Messgröße angesehen werden, die es zu erreichen gilt.

Viele qualitative Messgrößen lassen sich in einzelne quantitative Messgrößen zerlegen (z. B. Motivation zerlegt in Fehlzeiten, Fluktuation, Bereitschaft zur Mehrarbeit innerhalb eines bestimmten Zeitraums).

2.3 KVP-Studie von Agamus Consult

Im Jahr 1996 wurde eine Studie von Agamus Consult GmbH [Agamus 1996] veröffentlicht, in welcher 755 deutsche Unternehmen zu verschiedenen Aspekten bzgl. KVP befragt wurden, z. B. was in den einzelnen Unternehmen unter Kontinuierlichen Verbesserungsprozessen verstanden wird, wie und in welchem Maße KVP als eigenständiges Konzept eingeführt, praktisch umgesetzt und kontinuierlich weiterverfolgt wurde, wo die Schwerpunkte der mitarbeiterorientierten Maßnahmen liegen und wie die Ergebnisse des KVP von Mitarbeitern und Führungskräften bewertet werden.

Aus den 113 umfassend bearbeiteten Fragebögen von Firmen, die KVP in irgendeiner Form praktizieren, wurden folgende Ergebnisse ermittelt [Agamus 1996]:

▶ 89 % der Unternehmen sahen zu Beginn der Einführung den Sinn von KVP in einer Effizienzsteigerung und Qualitätsverbesserung, die über die Mitarbeitermotivation erreicht wird, wobei keine Firma die Motivation als Selbstzweck verstand.

▶ 53 % der Unternehmen bescheinigten ihren mittleren Führungskräften eine skeptische bzw. indifferente Haltung bei Einführung von KVP, 6 % der Firmen gaben sogar an, dass ihre Führungskräfte dem KVP ablehnend gegenüberstanden.

▶ Mit zunehmender Dauer des Verbesserungsprozesses erhöhte sich der Anteil der Firmen, deren Führungskräfte zu KVP positiv eingestellt waren auf 61 %. D. h. ein einmal angelaufener KVP kann die Führungskräfte für sich gewinnen.

 Wichtig ist es daher, dass Machtpromotoren gewonnen werden, die den KVP anschieben und in Gang halten.

Die Mitarbeiter sind bei der Einführung von KVP überwiegend skeptisch oder neutral abwartend eingestellt. Analog zur Entwicklung bei den Führungskräften verändert sich die Haltung der Mitarbeiter deutlich ins Positive, wenn KVP angelaufen ist.

Der Schlüssel zum Erfolg des KVP ist die schnelle Umsetzung der angenommenen Verbesserungsvorschläge, da jedem Mitarbeiter die Lust zum mühevollen Erarbeiten neuer Verbesserungen vergeht, wenn eingereichte Vorschläge lange Zeit nicht umgesetzt werden. Je schneller ein angenommener Vorschlag umgesetzt wird, desto höher ist der Motivationseffekt.

Bei der Untersuchung der Auswirkungen von KVP auf die Motivation und das Betriebsklima entsteht ein durchweg positives Bild [Agamus 1996]:

▶ 91 % der Unternehmen gaben an, dass die Motivation der Mitarbeiter durch KVP gesteigert wurde.

▶ 92 % der Firmen gaben eine generelle Verbesserung der Zusammenarbeit und Kommunikation ihrer Mitarbeiter nach Einführung von KVP an.

▶ Speziell die Zusammenarbeit zwischen Führungskräften und Mitarbeitern hat sich in allen Fällen verbessert. In 44 % der Firmen hat sie sich sogar stark bzw. in überragendem Maße verbessert.

▶ Die Identifikation der Mitarbeiter mit ihrer Arbeit und dem Unternehmen steigt, sie ist bei 62 % der Firmen höher als vor der Einführung des KVP.

▶ Generell verbessert hat sich die Teamfähigkeit der Mitarbeiter, wobei 67 % der Firmen den Grad der Verbesserung hoch ansetzt.

▶ Das Problembewusstsein der Mitarbeiter steigt durch die KVP-Praxis. 70 % der Firmen bescheinigen ihren Mitarbeitern bzgl. des Problembewusstseins eine hohe bis sehr hohe Verbesserung.

▶ Drei Viertel der Firmen geben an, dass sich die Qualität der Arbeit und damit auch die Fehlervermeidung verbessert haben.

In der Studie wurden auch die wirtschaftlichen Faktoren des KVP betrachtet.

▶ Insgesamt 94 % der befragten Unternehmen stufen bei ihren Kontinuierlichen Verbesserungsprozessen den Ertrag höher als den Aufwand ein.

▶ 98 % der Firmen senkten mit KVP ihre Kosten.

▶ Über ein Drittel der Unternehmen sparte gegenüber der Zeit vor der Einführung von KVP bis zu 5 % an Kosten ein.

▶ Mehr als ein Viertel reduzierte die Kosten um bis zu 10 %, weitere 21 % sparten bis zu 15 %.

▶ Die Zahl der erfolgreichen Sparer wird im oberen Bereich natürlich geringer: 11 % konnten ihre Kosten um bis zu 20 % mindern, und 3 % der Firmen wiesen sogar Einsparungen von über 20 % auf.

Ähnlich sieht es bei den Steigerungen der Produktivität und der Bestandsreduzierung aus.

▶ Über 80 % der Unternehmen konnten Bestandsreduzierungen aufweisen.

▶ Die Durchlaufzeiten wurden nur bei 6 % der Firmen nicht verkürzt.

Hinsichtlich Ausschuss und Nacharbeit brachte die Einführung von KVP sehr positive Ergebnisse:

▶ Insgesamt 71 % der Unternehmen konnten Ausschuss und Nacharbeit um bis zu 10 % reduzieren.

▶ 26 % der Firmen verminderten diese sogar um mehr als 10 %.

Alles in allem ist die Einführung und Aufrechterhaltung eines KVP auf jeden Fall erfolgversprechend, selbst wenn damit zu Beginn Mehraufwand verbunden ist und entsprechende Voraussetzungen geschaffen werden müssen.

2.4   Voraussetzung für KVP

Die Grundidee des Konzeptes, nämlich die Aktivierung der Mitarbeiter-Potenziale, impliziert zunächst die bisherige offensichtliche Ausgrenzung der Mitarbeiter von Entscheidungen. Nicht zuletzt haben die über Jahrzehnte gewachsenen tayloristischen Arbeitsstrukturen dazu geführt, dass Mitarbeiter insbesondere großer Unternehmen über mangelnde Kommunikation und Verluste von Informationen klagen. Zu wenig Partizipation und Eigenverantwortung sowie stark formalisierte Regeln für Arbeitsabläufe und geringe Handlungsspielräume erstickten die Entfaltung jeglicher Kreativität und Initiative der Mitarbeiter. Die vorhandene Qualifikation hatte keinen Raum zum freien Entfalten und Weiterentwickeln.

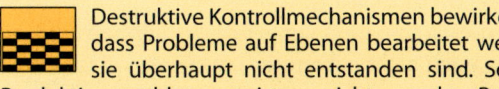

Destruktive Kontrollmechanismen bewirken häufig, dass Probleme auf Ebenen bearbeitet werden, wo sie überhaupt nicht entstanden sind. So werden Produktionsprobleme meistens nicht von den Betroffenen vor Ort analysiert und gelöst, sondern von übergeordneten Führungskräften, in Betriebsbüros oder von betriebsfremden Beratern, was häufig nicht nur ineffizient ist, sondern zu Frustration und Desinteresse seitens der Mitarbeiter vor Ort führt. Derartige Verschwendungen von (Human-) Ressourcen sollte sich in der heutigen Wettbewerbssituation kein Unternehmen leisten.

KVP versucht, dieses Problem sowohl auf sachlicher als auch auf emotionaler Ebene anzugehen. Das entscheidende Erfolgskriterium ist hierbei die nachhaltige Beteiligung und Aktivierung aller betroffenen Mitarbeiter im Interesse des Unternehmens. Die Voraussetzung hierfür ist nicht die Investition in teure und moderne Produktionsmittel, sondern der Wandel in den Köpfen aller Mitarbeiter und dies in besonderem Maße bei den Führungskräften.

 Führungskräfte sollten sich von der Vorstellung verabschieden, dass es lediglich der zeitlich begrenzten Beschäftigung eines Beraters bedarf, um die vorher jahrelang unbeteiligten Mitarbeiter zu motivieren, interdisziplinär eng kooperierende Arbeitsgruppen zu bilden und eigeninitiativ Probleme zu lösen. Dazu bedarf es der Fähigkeit, das kreative Potenzial methodisch zu nutzen.

Die Bereitschaft zu KVP entsteht erst durch die Erkenntnis, dass der Status quo unweigerlich in die Katastrophe führt. Dieser Erkenntnisprozess setzt häufig ein Schockerlebnis als Initialzündung voraus.

Um mit dieser Situation umgehen zu können und eine Entwicklung noch nicht bekannter Potenziale vorzunehmen, ist ein Perspektivenwechsel verbunden mit der Veränderung von Werten und Glaubenssätzen [siehe dazu Hummel; Malorny 2002] notwendig. Ist dies gelungen, müssen die entsprechenden neuen Fähigkeiten und Fertigkeiten [siehe dazu

Theden; Colsman 2002] und damit verbundene veränderte Verhaltensweisen ausprobiert und geübt werden.

Dabei gibt es Erfolge und Misserfolge. Wo etwas Neues entstehen soll, müssen Fehler erlaubt sein. Fehler sollten als Feedback mit hohem Informationsgehalt betrachtet werden. Durch Feedback werden immer mehr Informationen gesammelt, die das Verhalten zunehmend besser an die neue Situation anpassen. Dem liegt eine ganz spezifische Vorgehensweise zu Grunde, die im Folgenden beschrieben werden soll.

2.5 Zyklus des Verbesserungsprozesses

Das kontinuierliche Verbessern der Prozesse bedeutet für alle Unternehmensmitglieder, ständig etwas zu lernen, um einerseits flexibel auf sich permanent ändernde Anforderungen reagieren zu können und andererseits das Bisherige immer weiter zu verbessern. KVP unterscheidet sich jedoch ganz entschieden von traditionellen Rationalisierungsaktionen, da es hier nicht um große Innovationen, sondern um kleine, aber kontinuierliche Fortschritte geht.

Die Vorgehensweise der kontinuierlichen Verbesserung beruht auf dem PDCA-Zyklus, der in den 50er-Jahren von dem Amerikaner DEMING entwickelt wurde [Kamiske; Brauer 1999]. Der PDCA-Zyklus steht für eine immer wiederkehrende Aufgabe der vier Teilschritte:

▶ Planen (**p**lan),
▶ Durchführen (**d**o),
▶ Überprüfen (**c**heck),
▶ Agieren bzw. Verbessern (**a**ct),

wie sie in Bild 1 und 5 dargestellt sind.

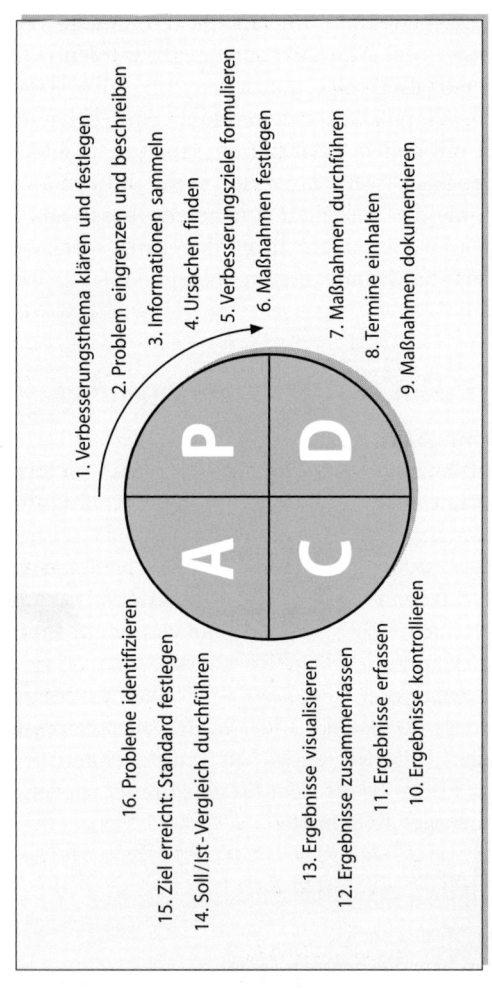

Bild 5: *PDCA-Zyklus*

KVP bedient sich der systematischen Vorgehensweise des PDCA-Zyklus, um Verbesserungen initiieren, verfolgen und reflektieren zu können.

Der PDCA-Zyklus beginnt mit der *Plan-Phase*. Zunächst wird das Verbesserungsthema festgelegt, indem die Ziele, die wichtigsten Ergebnisse und die größten Hindernisse geklärt werden. Anschließend wird die Ist-Situation analysiert. Hierzu wird das zu untersuchende Problem abgegrenzt und genau beschrieben.

Um die Ursachen erkennen zu können, werden die entsprechenden Daten gesammelt. Erst auf dieser quantitativen Basis ist es möglich, die Verbesserungspotenziale eindeutig zu identifizieren, entsprechende Teilziele abzuleiten und Maßnahmen festzulegen.

Dies ist auch die Voraussetzung, um die erzielten Verbesserungen im Laufe des KVP eindeutig für alle Mitarbeiter sichtbar und nachvollziehbar zu machen.

Häufig wird der Datenerfassungs- und Auswertungsprozess in seinem Aufwand und in seiner Wichtigkeit für den gesamten Verbesserungsprozess unterschätzt. Die Gründe für den manchmal überproportional erscheinenden Aufwand sind die typischen Unzulänglichkeiten der historisch gewachsenen Betriebsdatenerfassungssysteme, wie z. B.:

▶ Daten sind nicht im gewünschten Umfang, mit der notwendigen Zuverlässigkeit und Aktualität verfügbar,
▶ Daten lassen sich nicht direkt in der gewünschten Form auswerten,
▶ Daten sind widersprüchlich,
▶ Daten sind nicht auf herkömmlichen DV-Systemen gespeichert,

▶ Datenquellen sind nicht alle bekannt,
▶ Daten sind über das gesamte Unternehmen verstreut.

Wird die Erfassung und Auswertung der Ist-Daten nur teilweise oder gar nicht durchgeführt, ist der Erfolg des Verbesserungsprozesses aus folgenden Gründen fraglich:

▶ Es können keine Prioritäten festgelegt werden, welche Problemursachen als erstes beseitigt werden müssen.
▶ Es können keine quantitativen Ziele festgelegt werden.
▶ Führungskräfte und Mitarbeiter können nicht nachhaltig überzeugt werden, dass die Ist-Situation verbessert werden muss.
▶ Zusammenhänge zwischen Ursache und Wirkung sind nicht darstellbar.
▶ Erfolge umgesetzter Maßnahmen können nicht nachgewiesen werden.

 Eine der wichtigsten Leitlinien im KVP ist daher, „in Zahlen, Daten und Fakten zu sprechen" und auf Mutmaßungen zu verzichten. Ist dies nicht gewährleistet, so besteht die Gefahr, dass die gutgemeinten Versuche, den betrieblichen KVP in Gang zu bringen, zu nichts anderem als Frustration bei allen Beteiligten führen. Daher ist es unverzichtbar ein wirksames Kennzahlensystem aufzubauen [siehe dazu Wolter 2002].

Auf das kennzahlenbasierte Festlegen der KVP-Ziele folgt in einem nächsten Schritt das Identifizieren möglicher Maßnahmen. Diese werden konkretisiert, um anschließend entsprechend ihrer Erfolgswahrscheinlichkeiten, ihres Aufwandes und Nutzens bewertet werden zu können.

In der Praxis ist die Trennung zwischen dem Festlegen der Ziele und dem Identifizieren sowie der Bewertung potenzieller Maßnahmen natürlich nicht so streng möglich. KVP-Ziele werden teilweise in Abhängigkeit zu den möglichen Maßnahmen festgelegt, da die Erreichbarkeit der Ziele in einem absehbaren Zeitraum gewährleistet sein sollte.

In der *Durchführ-Phase* des PDCA-Zyklus werden die ausgewählten Maßnahmen umgesetzt. Dies bedeutet jedoch nicht, dass bei Bedarf nicht in die *Plan-Phase* zurückgekehrt werden kann, um weitere Informationen zu beschaffen und die Maßnahmen zu überarbeiten.

Das Festlegen von Maßnahmen ist nur der erste Schritt auf dem Weg zum Ziel. Wichtig ist, dass das Erlahmen des anfänglichen Elans nicht das Umsetzen der geplanten Maßnahmen beeinträchtigt.

Hier hat sich die Verwendung von standardisierten Aktivitätenkatalogen (Bild 6) als äußerst erfolgreich erwiesen. Diese geben schnell Auskunft über den Ist-Stand und eignen sich hervorragend für die Visualisierung des Fortschrittes.

In der *Check-Phase* des PDCA-Zyklus werden die Auswirkungen der geplanten Maßnahmen überprüft. Es wird untersucht, ob und wie die in der Plan-Phase festgelegten Ziele erreicht wurden (Bild 5). Dafür werden die Ergebnisse kontrolliert, erfasst und im Aktivitätenkatalog (Bild 6) visualisiert.

Bei regelmäßiger Erfolgskontrolle zeigt sich, ob die Ziele erreicht wurden. Ist dies nicht der Fall, wird geprüft, warum es zu Abweichungen kam. Die Ergebnisse dieser Analyse werden ebenfalls festgehalten. Misserfolge können für den KVP aufschlussreich sein.

Die *Agier-Phase* dient dazu, die vorher durchlaufenen Phasen zu reflektieren und die Erfahrungen zu sichern, indem man erfolgreiche Größen standardisiert und Folgeaktivitäten anstößt. Daraus können Ziele für nachfolgende PDCA-Zyklen abgeleitet werden, d. h. neue Verbesserungsaktivitäten werden angestoßen.

Aktivitätenkatalog						
Nr.	Aktivität	Wer?	Mit wem?	Bis wann?	An wen?	Fortschritt
1						⊕
2						⊕
3						⊕
4						⊕
5						⊕

A P / C D Maßnahme geplant   A P / C D Beginn der Umsetzung   A P / C D Wirksamkeit in Prüfung   A P / C D Maßnahme integriert

Bild 6: *Aktivitätenkatalog*

Wenn dieser Zyklus wie vorgesehen sequenziell durchlaufen wird, werden die betrachteten Probleme immer weiter eingegrenzt, da die Erfahrungen aus den vorher durchlaufenen Zyklen einfließen können.

Dies führt dazu, dass die Beteiligten ihre Fähigkeiten in Bezug auf KVP immer weiter verbessern und KVP ein ganz normaler Bestandteil ihrer täglichen Arbeit wird.

Es existieren keine perfekten Lösungen und somit gibt es auch keinen Grund, sich auf dem derzeitigen oder dem neudefinierten Standard auszuruhen [Imai 2001].

2.6 Zyklus des Stabilisierungsprozesses

Der PDCA-Zyklus wird durch einen Prozess der Stabilisierung ergänzt (**S**tandardisieren, **D**urchführen, **C**hecken, **A**gieren). Der SDCA-Zyklus stellt die Verbesserung sicher.

Vor der wiederholten Anwendung des PDCA wird geprüft, ob erfolgreiche Maßnahmen als Standards festgelegt werden können. Standards werden in deutschen Organisationen leider meistens als unverrückbar geltende Regeln verstanden. Anders in Japan, wo sie als neu erklommene Stufen einer Leiter gesehen werden, auf der man weiter nach oben geht (siehe Bild 1).

Das Ziel eines Standards ist es [Suzaki 1994]:

▶ Basis für Verbesserungen zu schaffen,
▶ Schwankungen zu reduzieren,
▶ Vertrauen und Beständigkeit zu fördern,
▶ Vorgehensweise zum Aufdecken von Problemen zu schaffen,
▶ Basis für Ausbildung und Training zu schaffen,
▶ Mehrarbeit, Sicherheits- und Produkthaftungsprobleme zu eliminieren.

Nur wenn der SDCA-Zyklus funktioniert, kann man daran gehen, die bestehenden Standards mittels PDCA weiter zu verbessern. Dieser Zusammenhang ist in Bild 7 schematisch dargestellt.

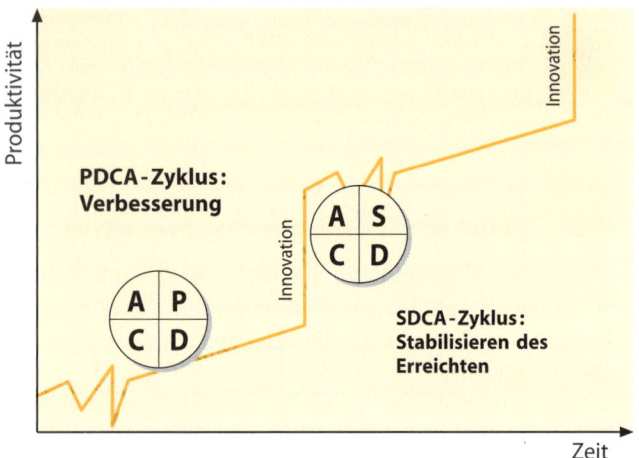

Bild 7: *PDCA- und SDCA-Zyklus*

In der ersten Phase des SDCA-Zyklus wird das neue Niveau für die Anwendung in der Praxis konkretisiert. Dieses wird aus den Ergebnissen des davor abgelaufenen PDCA-Zyklus abgeleitet und stellt einen vorübergehenden Standard dar. In der Durchführ-Phase des SDCA-Zyklus wird der Standard in der Praxis eingesetzt. Die Auswirkungen werden in der Check-Phase ausgewertet und mit den Erwartungen verglichen. In der Agier-Phase wird der Standard dann entsprechend der zuvor gewonnenen Erkenntnisse angepasst.

 Ein Übereifer bei der Standardisierung ist jedoch weder nötig noch sinnvoll. Die Standardisierung jedes einzelnen Prozessschrittes verhindert eher den KVP als dass sie ihn fördert.

Es ist extrem wichtig, allen Betroffenen zu verdeutlichen, dass Standards im Rahmen von KVP nur dazu dienen, von noch besseren abgelöst zu werden.

 Das heißt nicht, dass jeder Mitarbeiter unkontrolliert permanent andere Standards definieren kann, nur weil er der Meinung ist, dass seine Standards besser sind.

Wenn die Überzeugung heranwächst, dass der gültige Standard nicht mehr den Anforderungen entspricht, werden durch einen PDCA-Zyklus die notwendigen Daten gesammelt, um einen neuen Standard zu definieren. Dieser kann dann mittels SDCA auf seine Eignung überprüft werden.

Erst wenn im Rahmen von SDCA ein neuer Standard festgelegt wurde (und nicht vorher), wird der alte Standard abgelöst.

Um sowohl den Verbesserungs- als auch den Stabilisierungsprozess leben zu können, ist es für die Mitarbeiter aller Hierarchieebenen notwendig, bestimmte Denkweisen zu verinnerlichen.

3   Das 4-Phasen-Modell des KVP

WORUM GEHT ES?

Die Implementierung und die nachhaltige Förderung des KVP im betrieblichen Alltag stellen eine größere Herausforderung dar, als dies allgemein vermutet wird. Die größte Gefahr ist dabei, dass zuviel in zu kurzer Zeit erreicht werden soll.

> Es ist eine Utopie, von den Mitarbeitern und deren Führungskräften zu erwarten, dass sie die in Jahrzehnten konditionierten Verhaltensweisen von einem Tag auf den anderen ändern können, auch wenn ihnen die Leitgedanken von KVP sinnvoll erscheinen.

Die Implementierung und die nachhaltige Förderung des KVP im betrieblichen Umfeld erfordern eine phasenorientierte Vorgehensweise. Die Implementierung wird i. d. R. als Projekt definiert und entsprechend gemanagt, sodass hier die erfolgreichen Methoden des Projektmanagements genutzt werden können. Dabei ist es wichtig zu verstehen, dass KVP an sich kein Projekt sein kann, da KVP kein zeitliches Ende hat.

Anhand der Analyse erfolgreicher betrieblicher KVPs lässt sich das „4-Phasen-Modell des KVP" ableiten. Folgende Phasen lassen sich charakterisieren:

▶ Sensibilisierungsphase
▶ Startphase
▶ Implementierungsphase
▶ Stabilisierungsphase

WAS BRINGT ES?

Das 4-Phasen-Modell des KVP ist als Fahrplan zur Implementierung und nachhaltigen Förderung des KVP im betrieblichen Umfeld zu verstehen. Dabei kann dieses Modell in ganzen Unternehmen oder einzelnen Standorten bzw. Unternehmensbereichen angewendet werden.

WIE GEHT DAS?

Im Folgenden werden die vier Phasen des KVP beschrieben. Für die detaillierte Beschreibung einzelner Methoden wird auf die jeweiligen Abschnitte dieses Pocket Power verwiesen.

3.1   Sensibilisierungsphase

Bevor es zur Startphase kommen kann, bedarf es der Entscheidung der obersten Führung über die Implementierung von KVP. Diese Entscheidung basiert auf Zahlen, Daten, Fakten und Stimmungen, die die Meinungsbildung der Führungskräfte beeinflussen. In dieser Phase sind folgende Ziele zu erreichen:

▶ Oberste Führung versteht Ziele und Vorgehensweisen von KVP,
▶ Übergeordnete KVP-Ziele für das Unternehmen sind definiert,
▶ Ressourcenbedarf (Budget, Personal) und Masterplan (Meilensteine mit Ergebniskriterien) für die Implementierung sind genehmigt.

Der erste Schritt in dieser Phase ist das Orientierungsgespräch.

Das Ziel des Orientierungsgesprächs ist die positive Meinungsbildung der Entscheider zu KVP.
Der Anstoß für das Orientierungsgespräch kann sowohl von einem Entscheider oder von einer untergeordneten Organisationsstruktur kommen.

Ein solches Orientierungsgespräch ist eine einmalige Chance, Entscheider positiv zu beeinflussen. Folgende Fragen sollten daher im Vorfeld geklärt werden:

▶ Wie viel Zeit und welcher Rahmen stehen zur Verfügung?
▶ Welcher Informationsstand über KVP besteht?
▶ Welche Vorteile bringt KVP im Hinblick auf die Ist-Situation im Unternehmen?
▶ Welcher Ressourcenbedarf besteht für die Implementierung von KVP?
▶ Welcher zeitliche Ablauf ist dafür notwendig?
▶ Welche innerbetrieblichen Erfahrungen wurden mit Veränderungsprozessen gemacht?
▶ Was machen andere Firmen (vor allem die Konkurrenz) auf diesem Gebiet?
▶ Was sagen Fachleute zu dem Thema?

An das Orientierungsgespräch schließt sich die Entscheidungsfindung an. Ziel ist es, den konkreten Auftrag und das Einverständnis der obersten Führung zur Implementierung sowie für die anschließende nachhaltige Förderung von KVP zu bekommen.

Auf der Basis der im Orientierungsgespräch gesammelten Erkenntnisse sind hierfür folgende entscheidungsrelevanten Informationen zu konkretisieren:

▶ Nutzen des KVP für das Unternehmen,
▶ Ziele der Implementierung von KVP,
▶ Budgetbedarf,
▶ Aufbauorganisation und Zusammensetzung der Gremien (Steuerkreis, Projektgruppe, KVP-Verantwortliche auf operativer Ebene),
▶ Personalbedarf (ggf. unter Angabe der Wunschkandidaten),
▶ Masterplan (Meilensteine mit Erfolgskriterien),
▶ Detailplanung für die Startphase.

Um sicherzustellen, dass die Ziele der Entscheidungsfindung erreicht werden, muss das Entscheidungsgremium alle wichtigen Forderungen einzeln genehmigen. Auf zu erwartende Schwierigkeiten ist das Gremium im Vorfeld hinzuweisen, wobei Lösungsansätze aufzuzeigen sind.

3.2 Startphase

Die zweite Phase des 4-Phasen-Modells des KVP ist die Startphase. Ziel dieser Phase ist es, KVP für alle Mitarbeiter sichtbar zu starten und die Implementierungsphase vorzubereiten. Die Startphase umfasst folgende Schritte:

▶ Feinplanung der Implementierung von KVP (Budget, Zeitplan, Einbindung externer Berater, Kommunikationsstrategie, Moderatorenausbildung),
▶ Genehmigung der Feinplanung durch oberste Führung,
▶ Information des Betriebsrats und aller Führungskräfte über die KVP-Ziele und die nächsten Schritte,
▶ Auswahl und Training von KVP-Moderatoren,
▶ Beginn der offensiven Kommunikation zu KVP,
▶ Auftaktveranstaltung.

Im Folgenden wird auf die Kommunikationsstrategie, Moderatorenausbildung und die Auftaktveranstaltung im Detail eingegangen.

Kommunikationsstrategie

Die Voraussetzung für den Erfolg der Startphase als auch für die darauf folgenden Phasen liegt in der Gestaltung einer offensiven und zielgruppenspezifischen Kommunikation zu KVP. Hierfür müssen den Entscheidern die besondere Bedeutung einer offensiven Kommunikation verdeutlicht sowie die finanziellen und politischen Rahmenbedingungen geschaffen werden.

2 bis 4 Wochen vor der Auftaktveranstaltung werden die Mitarbeiter durch ein angemessenes Medium (Zeitung, Schwarzes Brett, Homepage, Email etc.) über KVP, die Entscheidung der obersten Führung KVP einzuführen sowie den Ablauf und die Ziele der Auftaktveranstaltung informiert.

Diese Information ist vor der Auftaktveranstaltung mindestens einmal zu wiederholen. Weiterführende Kommunikationsmaßnahmen, wie z. B. die Schaffung eines KVP-Logos oder die Einrichtung einer KVP-Hotline können zum gegebenen Zeitpunkt die klassische Kommunikation ergänzen.

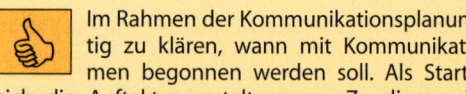

Im Rahmen der Kommunikationsplanung ist es wichtig zu klären, wann mit Kommunikationsmaßnahmen begonnen werden soll. Als Startpunkt bietet sich die Auftaktveranstaltung an. Zu diesem Zeitpunkt ist sicherzustellen, dass die Information der wichtigsten Führungskräfte und des Betriebsrats schon stattgefunden hat. Auf keinen Fall sollte als „offizieller" Beginn von KVP das Moderatorentraining dienen, da für die Mitarbeiter zu diesem Zeitpunkt noch kein unmittelbarer Nutzen von KVP erkennbar ist.

Moderatorenausbildung

Bei der Ausbildung von KVP-Moderatoren werden ausgewählten Mitarbeitern (Freiwillige bzw. Interessierte) die notwendigen fachlichen und sozialen Kompetenzen vermittelt, um KVP-Gruppen vor Ort mit dem Ziel zu moderieren, KVP im Sinne der PDCA-Systematik voranzutreiben.

 Es ist sicherzustellen, dass den zukünftigen KVP-Moderatoren der notwendige zeitliche Freiraum für ihre Tätigkeit eingeräumt wird.

Auftaktveranstaltung

Die Auftaktveranstaltung ist eine Kombination von Informationsvermittlung und einer Verschwendungssuche. Durch diese Kombination können die theoretischen Grundlagen von KVP von der Belegschaft sofort in die Praxis umgesetzt werden, sodass ein maximaler Effekt an intellektueller als auch an emotionaler Akzeptanz erzielt werden kann.

 Es ist sicherzustellen, dass die oberste Führung während der gesamten Auftaktveranstaltung präsent ist und die Ziele und die nächsten Meilensteine des KVP aus Unternehmenssicht selbst darlegt. Geschieht dies nicht, so wird die Glaubhaftigkeit von KVP in Frage gestellt. Dies kann dazu führen, dass das mittlere Management die Maßnahmen und die Mitarbeiter, die KVP vorantreiben, nicht unterstützt. Durch Zynismus, Passivität und aktiven Boykott kann das mittlere Management KVP schnell stoppen. Aus diesem Grund muss KVP eindeutig und unmissverständlich durch die oberste Führung getragen und „gelebt" werden.

Der erste Teil der Auftaktveranstaltung besteht aus einem ca. zweistündigen KVP-Theorieteil. Hier werden Mitarbeitern die Grundlagen von KVP und anhand von konkreten Beispielen die Verschwendungsarten vermittelt.

Es bietet sich an, einen externen KVP-Spezialisten einzusetzen, der auf Grund seiner Erfahrungen auf die kritischen Fragen und geäußerten Zweifel der Belegschaft eingehen kann.

Im zweiten Teil der Auftaktveranstaltung wird eine Verschwendungssuche vor Ort in Gruppen von ca. 10 Mitarbeitern mit der Unterstützung eines vorher ausgebildeten KVP-Moderators durchgeführt.

 Befasst sich die Verschwendungssuche mit einem fremden Arbeitsbereich, so sind Konflikte mit den Betroffenen möglich. Die Unvoreingenommenheit der Teilnehmer gegenüber dem Arbeitsbereich führt jedoch zu besseren Resultaten.

Die Ergebnisse werden im Plenum durch die Gruppenmitglieder in Gegenwart der obersten Führung präsentiert. Die Gruppen sollten dabei auch schon ihre ersten Lösungsansätze zur Diskussion bringen.

Die Zeit nach der Auftaktveranstaltung ist für KVP eine *kritische Phase,* da nun die berechtigte Erwartungshaltung bei den Mitarbeitern besteht, dass jetzt schnell etwas zur Beseitigung und Vermeidung der Verschwendungen getan wird. Wird diese Erwartung nicht erfüllt, ist das Vertrauen der Mitarbeiter verspielt und KVP wird unglaubwürdig!

Um das zu vermeiden, wird folgendes Follow-up der Auftaktveranstaltung durchgeführt:

▶ Aus den im Rahmen der Verschwendungssuche identifizierten Verschwendungen werden 3 bis 4 Problembereiche ausgewählt, bei denen umgesetzte Lösungen schnell eine positive Wirkung zeigen können und die nicht zu politischen „Grabenkämpfen" führen.

▶ Zu jedem Problembereich wird eine KVP-Gruppe gebildet, die zu einem definierten Zeitpunkt über ihre Ergebnisse berichtet.

3.3 Implementierungsphase

▶ Ziel der Implementierungsphase ist es, die Philosophie und die Vorgehensweise von KVP sukzessiv in die betrieblichen Prozesse zu implementieren.

▶ Der Erfolg dieser Phase ist durch einen Dominoeffekt gekennzeichnet: Es werden KVP-Aktivitäten in Zusammenarbeit mit einem Organisationsbereich durchgeführt. Durch flankierende Kommunikationsmaßnahmen wird der Ehrgeiz und die Eigeninitiative anderer Organisationsbereiche geweckt, die ihrerseits selbstständig KVP zu implementieren beginnen.

▶ Für die Implementierungsphase sind folgende Punkte zu beachten:

▶ Entsprechend der Bedürfnisse der Organisationseinheit sind Verschwendungssuchen, 5 A-Aktionen, Prozessmappings und/oder Zielvereinbarungen durchzuführen.

▶ Es ist sicherzustellen, dass erst die daraus resultierenden Aktivitätenkataloge bearbeitet werden, ehe neue KVP-Maßnahmen durchgeführt werden.

▶ Die Ergebnisse sind offensiv zu kommunizieren.

▶ Die Bildung von KVP-Gruppen zu definierten Problemen ist zu fördern.

▶ Von allen KVP-Gruppen sind **standardisierte** Formulare zu verwenden.

▶ Die Führung hebt die hohe Priorität der KVP-Gruppen hervor, indem sie sich die Resultate durch die Gruppenmitglieder präsentieren lässt.

▶ Die KVP-Gruppen sind eng von internen oder externen Beratern zu begleiten, um etwaige Konflikte zu entschärfen und die Moderatoren zu unterstützen.

▶ Durch Teamentwicklungen können Verhaltensweisen kritisch reflektiert werden.

▶ Erfolge der KVP-Gruppen sind anschaulich auf Schautafeln zu visualisieren.

▶ Alle KVP-Maßnahmen sind in definierten Zeitabschnitten zu wiederholen.

3.4 Stabilisierungsphase

Wie der Name schon andeutet, ist die Zielsetzung dieser Phase, den in Gang gebrachten kontinuierlichen Verbesserungsprozess keine Ausnahmeerscheinung sein zu lassen, sondern ihn zu institutionalisieren und zu einem akzeptierten Bestandteil der alltäglichen Arbeit zu machen. Dies schließt auf Grund des Leitgedankens von KVP die ständige Weiterentwicklung von KVP mit ein.

Hierzu muss der im Rahmen der Implementierungsphase entstandene Elan der Belegschaft, welcher mit dem Gefühl „da passiert endlich was" bzw. „endlich hören die da oben mal, was wir hier schon lange sagen" verbunden ist, aufrecht erhalten bleiben.

Die wichtigste Voraussetzung hierfür ist eine anforderungsgerechte Aufbau- und Ablauforganisation, die es mit einem akzeptablen Aufwand ermöglicht, den KVP an der operativen Basis zu lenken, zu dokumentieren und auf Impulse angemessen zu reagieren.

 Eine solche Aufbauorganisation kann z. B. aus einem KVP-Beauftragten und einem KVP-Moderatoren-Pool bestehen. Der KVP-Beauftragte kann sich um die organisatorischen Rahmenbedingungen des KVP, die Information und Kommunikation, das Berichtswesen und auch um den Kontakt zu den Führungskräften kümmern. Die KVP-Moderatoren werden einen kleinen Teil ihrer Arbeitszeit operativ zur Unterstützung des KVP eingesetzt.

 Wie auch in den vorangegangenen Phasen, lebt KVP nicht nur von Erfolgen, sondern durch die gezielte Kommunikation von Erfolgen. Hierbei ist es wichtig, in dieser Phase auch mit Zahlen, Daten, Fakten über KVP zu reden, um besonders den Führungskräften den Nutzen von KVP verdeutlichen zu können.

Zahlen, Daten, Fakten über KVP lassen sich nur durch ein anforderungsgerechtes Berichtswesen generieren. Hier gilt es, die Bürokratisierung des KVP zu vermeiden und trotzdem auskunftsfähig zu bleiben. Man kann dabei auf die im Rahmen des KVP verwendeten Hilfsmittel zurückgreifen, wie z. B. Problemlisten, Aktivitätenkataloge, Ergebnisprotokolle und Moderations-Checklisten, die an Schautafeln für alle zugänglich gemacht und kontinuierlich gepflegt werden.

 Es ist zudem sinnvoll, den Ist-Zustand der Arbeitsbereiche in chronologischer Reihenfolge zu photographieren und zu archivieren, um Veränderungen anschaulich dokumentieren zu können.

Besonderer Wert liegt auf der eigenverantwortlichen Visualisierung des KVP im betrieblichen Umfeld. Die Mitarbeiter vor Ort sind aufgefordert, an Schautafeln ihre KVP-Aktivitäten zu visualisieren.

Da die Förderung des betrieblichen KVP methodisches Können und emotionale Intelligenz von den Mitarbeitern erfordert, ist ein regelmäßiger Erfahrungsaustausch zwischen den aktiv am KVP beteiligten Mitarbeitern sinnvoll. Besonders wichtig ist ein solcher Austausch für KVP-Moderatoren, da diese unter einer erheblichen emotionalen Belastung stehen.

Neben der Motivationswirkung solcher Veranstaltungen ermöglichen diese auch:

▶ Den Ist-Stand des KVP zu erfassen und kritisch zu hinterfragen,
▶ Die Ziele des betrieblichen KVP zu überprüfen und ggf. Anpassungen zu beschließen,
▶ Erfolgreiche Vorgehensweisen für die interne Förderung des KVP zu identifizieren und weiterzuvermitteln,
▶ Aktuelle Probleme zu besprechen und Lösungsalternativen zu entwickeln,
▶ Fach- und Methodenkompetenz zu bestimmten KVP-Themen zu verbessern.

Das 4-Phasen-Modell des KVP ist ein Leitfaden, der den jeweiligen unternehmensspezifischen Gegebenheiten angepasst werden muss. Dieses Modell ist lediglich die Wegbeschreibung für die nachhaltige Einführung des KVP.

Was noch fehlt, um den Weg in Richtung KVP zu gehen, ist die notwendige methodische Ausrüstung. In den folgenden Abschnitten werden ausgewählte Methoden beschrieben, die sich in der betrieblichen Praxis für die Förderung des KVP bewährt haben.

 Dies sei jedoch kein Dogmatismus. Generell können alle Methoden verwendet werden, die den kontinuierlichen Verbesserungsprozess unterstützen.

 Eine hier nicht beschriebene Methode ist **T**otal **P**roductive **M**aintenance. Sie unterstützt bei der effektiven Nutzung von Produktionsanlagen. Hierzu ist in der Reihe Pocket Power „Total Productive Management" [Al-Radhi 2002] erschienen.

4 Moderatorentraining

WORUM GEHT ES?

Zentraler Bestandteil des KVP ist die Gruppenarbeit. Die KVP-Gruppen setzen sich aus ca. 5 bis 10 Mitarbeitern zusammen. Diese treffen sich entweder regelmäßig oder spontan zum gemeinsamen Lösen von Problemen aus ihrem unmittelbaren Aufgabengebiet.

Bei der Arbeit mit nondirektiv geführten Gruppen hat sich gezeigt, dass diese bestimmte Phasen immer durchlaufen. Nach einer Phase des Kennenlernens (Forming) versuchen Personen, gemeinsame Ziele zu identifizieren. Durch gegenseitiges vorsichtiges verbales Abtasten werden anschließend meist unbewusst die Rollen geklärt, denen implizite Regeln sowie Werte und Normen zu Grunde liegen. An dieser Stelle kommt es zu Konkurrenzsituationen. Es treten Konflikte (Storming) auf, die jedoch als Chance zu betrachten sind. Denn hierin sind auf Grund der unterschiedlichen Sichtweisen und Erfahrungshintergründe Problemlösungs- und Kreativitätspotenziale enthalten. Sofern die unterschiedlichen Werte und Einstellungen der unterschiedlichen Personen als sich ergänzend und bereichernd betrachtet werden, kann eine Atmosphäre der Offenheit und des gegenseitigen Vertrauens (Norming) geschaffen werden. Dies ist die Voraussetzung für ein optimales Arbeitsklima (Performing).

Um diese Phasen innerhalb der KVP-Gruppen so zu steuern, dass diese optimal arbeiten können, werden Moderatoren aus den Reihen der Mitarbeiter benötigt. Die KVP-Gruppen können sich, sofern ausgebildete Moderatoren vorhanden sind, dann selbst organisieren und die Voraussetzung für eine effektive Arbeitsweise schaffen.

WAS BRINGT ES?

Ziel der Moderatorenschulung ist es, die Teilnehmer sowohl bzgl. der KVP-Philosophie in Problemlösungstechniken als auch in den Methoden und Techniken der Moderation zu befähigen.

Wichtig dabei ist es, das typische Geschehen in und mit Gruppen zu erleben sowie entsprechende Fähigkeiten insbesondere beim Umgang mit schwierigen Situationen oder Konflikten zu erwerben.

Durch interaktives und intuitives Lernen in praktischen Übungen werden den zukünftigen Moderatoren Fähigkeiten und Fertigkeiten für die Gestaltung von erfolgreicher Gruppenarbeit bzw. methodische Vorgehen beim Problemlösen in Gruppen vermittelt. Es kann sich dabei um ein einfaches Meeting oder um komplexe Verbesserungsaktivitäten handeln.

Die Moderatorenschulung kann je nach Zielsetzung unterschiedlich gestaltet werden. Es bietet sich an, die Fähigkeiten in mehreren Trainingsblöcken zu vermitteln. Der erste Trainingsblock sollte folgende Inhalte haben:

- Grundlagen von KVP,
- Grundprinzipien der Moderation,
- Instrumente der Moderation,
- Problemlösungstechniken (wie Q7, M7) [siehe Pocket Power Qualitätstechniken],
- Phasen der Moderation [siehe Pocket Power Coachingtechniken],
- Aufgaben und Rolle des Moderators,
- Hilfsmittel der Moderation (Pinnwand, Kärtchen).

Die Moderatorenschulung ist so zu gestalten, dass die Teilnehmer im Anschluss an die $2\,^1/_2$ Schulungstage das Gelernte sofort in der Praxis anwenden können und sich mit ihrer neuen Rolle als Moderator in den KVP-Gruppen identifizieren.

Durch die Art und Weise der Vermittlung sind sie in der Lage, KVP-spezifisches Wissen zu vermitteln, als auch die Problemlösung in der KVP-Gruppe zu moderieren.

Ein zweiter Trainingsblock dient dazu, die Erfahrungen bei der Moderation zu reflektieren und die Fähigkeiten und Fertigkeiten zu erweitern. Der Fokus hier liegt auf dem Design von Moderationsabläufen, wie z. B. Entwickeln von Teams, Umgang mit Konflikten oder Gestalten von kreativen Prozessen. Der zweite Trainingsblock kann folgende Inhalte haben:

- Phasen gruppendynamischer Prozesse,
- Rollen in Gruppen,
- Umgang mit Konflikten,
- Reflexion und Feed-back zur Moderation der Teilnehmer,
- Themenspezifische Vorbereitung und Planung von Moderationen,
- Instrumente und Techniken für spezifische Moderationen (Kreative Prozesse, Konflikte, Teamentwicklung) [siehe Pocket Power Moderationstechniken und Kreativitätstechniken].

Es ist wichtig für die „frisch gebackenen" Moderatoren, ihre Erfahrungen austauschen zu können. Daher sollten im Abstand von ca. einem Vierteljahr 1-tägige Treffen der Moderatoren stattfinden, und zwar mit folgenden Inhalten:

- Erfolge und Misserfolge von Problemlösungen bei der KVP-Gruppenarbeit,
- Reflektieren der Rolle als Moderator,
- Phasen von Veränderungsprozessen (eigene Erlebnisse und Beobachtungen).

Die Moderatoren werden so systematisch befähigt, die eigenständige Entwicklung und Zusammenarbeit einer Gruppe zu ermöglichen sowie deren Steuerung zu gewährleisten und aufrechtzuerhalten. Dafür muss der Moderator einerseits die inhaltliche Arbeit methodisch unterstützen und andererseits den emotionalen Prozess der Gruppe steuern. Zu seinen Aufgaben gehört der gezielte Einsatz von Techniken, um:

▶ das Problem, die Prozesse sowie das Ergebnis der Gruppe transparent zu machen,
▶ den Prozess, durch den das Ergebnis herbeigeführt wurde, zu reflektieren,
▶ eine kommunikationsförderliche Atmosphäre herzustellen,
▶ Konflikte aufdecken zu helfen bzw. für die Problemlösung zu nutzen sowie
▶ die Kreativität der Gruppe zu mobilisieren und
▶ Konsens zwischen allen Gruppenmitgliedern über die Teil- und Endergebnisse herzustellen.

WIE GEHT DAS?

Zunächst ist zu klären, **wer** an einer Moderatorenschulung teilnimmt, d. h. wer die zukünftigen Moderatoren sein sollen. Eine aktiv-konstruktive Mitarbeit innerhalb der Moderatorenschulung ist nur durch das Einsetzen von freiwilligen Mitarbeitern zu gewährleisten. Diese werden sich anschließend als engagierte Moderatoren erweisen.

Die Moderatorenschulung sollte außerhalb des Unternehmens mit ca. 12 bis 15 Teilnehmern stattfinden.

Die Aufgabe des Moderators ist es, den Problemlösungsprozess der Gruppe zu steuern. Das heißt, dass er den Rhythmus seiner Moderation den Bedürfnissen und Fähigkeiten seiner Zielgruppe anpassen muss. Der konkrete Weg, den die Gruppe zur Problemlösung in ihrer jeweiligen Ausführung wählt, wird durch folgende Phasen [Klebert; Schrader; Straub 2001] bestimmt:

▶ **Anwärmphase:** In dieser Phase stellen sich die Teilnehmer auf die Veranstaltung ein. Die Begrüßung ist sehr wichtig, weil sie die Stimmung der Teilnehmer und ihr Wohlbefinden für den gesamten Verlauf der Veranstaltung beeinflusst.

▶ **Problemorientierungsphase:** Diese Phase dient dazu, der Gruppe ihre gemeinsamen Probleme bewusst zu machen. Hier werden die Bedeutung der Themen und Probleme für die einzelnen Teilnehmer geklärt sowie die unterschiedlichen Sichtweisen dazu offengelegt. Ist das Thema für die Gruppe nicht wichtig, dann ist entweder die Gruppe für die Bearbeitung des Themas nicht ausreichend informiert oder nicht richtig zusammengesetzt. Ist das Thema für die Gruppe wichtig, dann sollten alle Teilnehmer innerhalb dieser Phase in den Problemlösungsprozess integriert werden und ihren Beitrag für das Gelingen der Veranstaltung leisten können. Ist dies gelungen, ist der erste Schritt zur Identifikation mit dem Thema geleistet.

▶ **Problembearbeitungsphase:** In dieser Phase wird die eigentliche Arbeit am Problem durchgeführt. Auf der Suche nach Lösungen findet ein intensiver Kommunikationsprozess zwischen den Teilnehmern statt, in dem Argumente ausgetauscht, Widersprüche aufgedeckt, Meinungen sichtbar gemacht sowie Kontroversen ausgetragen werden.

▶ **Ergebnisintegrationsphase:** Die Akzeptanz einer Moderation hängt weitgehend davon ab, ob es gelingt, zu einem

1. Tag	2. Tag	3. Tag
17 Uhr: Begrüßen der Teilnehmer Klären der Ziele, des Ablaufs, der Vorgehensweise und der organisatorischen Rahmenbedingungen der Moderatorenschulung	8 Uhr: Was verstehen wir unter Moderation von Gruppen?	8 Uhr: Reflexion der Beispielmoderation
18 Uhr: Vorstellrunde und Klären der Erwartungen an die Moderatorenschulung	9 Uhr: Erleben einer Beispiel - moderation von Selbstgewählten Alltagsproblemen: - Affinitätsdiagramm - Bearbeitungsraster - Ishikawa-Diagramm - Themenspeicher - Aktivitätenkatalog	11 Uhr: Feedbackübung
19 Uhr: Gemeinsames Abendessen	12 Uhr: Mittagessen	12 Uhr: Mittagessen
20 Uhr: Präsentation der Grundlagen von KVP anschließend Diskussion	14 Uhr: Fortsetzen der Beispielmoderation	14 Uhr: Moderation eines Fallbeispiels durch die Teilnehmer
22 Uhr: Ende des ersten Tages	19 Uhr: Abschluss der Beispielmoderation & Feedback	18 Uhr: Präsentation und Abschlussfeedback an die Teilnehmer
	20 Uhr: Abendessen	19 Uhr: Abschluss und Feedback
		20 Uhr: Abendessen

Bild 8: *Exemplarisches Moderatorentraining*

Was?	Wozu?	Wie?
Formelle Begrüßung	Ankommen in der Gruppe	1. Begrüßen der Teilnehmer 2. Eröffnen der Veranstaltung 3. Klären der Rolle des Moderators
Zielplakat	Auftragsklärung mit der Gruppe, Konsens bzgl. des Ziels, Einstimmen auf die Veranstaltung	1. Vorbereitetes Zielplakat 2. Einverständnis und Meinungen der Teilnehmer einholen 3. Konsens herstellen
Gruppen-spiegel	Kennenlernen der Teilnehmer, Klären der Erwartungen der Teilnehmer, Rollenklärung	1. Vorbereitetes Plakat „Gruppenspiegel" vorstellen 2. Teilnehmer tragen ihren Namen, ihre Funktion/Aufgabe, ihre Erwartungen und Vorkenntnisse zu der Veranstaltung in das Plakat ein 3. Teilnehmer stellen sich einzeln der Gruppe vor
Theorieteil I: Grundlagen von KVP	Wissenstransfer, Teilnehmer lernen die Grundlagen von KVP	1. Was heißt KVP? 2. Was bewirkt KVP? 3. Denkweisen von KVP 4. Zyklus des Verbesserungs- und Stabilisierungsprozesses (PDCA/SDCA)
Theorieteil II: Grundlagen der Moderation	Wissenstransfer, Teilnehmer lernen die Grundlagen der Moderation von Arbeitsgruppen	1. Was heißt Moderation von Problemlösungen? 2. Welche Phasen hat eine solche Moderation? 3. Welche Rolle nimmt der Moderator ein?
Affinitäts-diagramm	Einstieg ins Thema Aktivieren der Teilnehmer, Visualisieren der Meinungsvielfalt	1. Funktion und Regeln erklären 2. Frage nennen 3. Karten schreiben lassen 4. Clustern der Karten nach Unterthemen im Plenum 5. Priorisieren von Themen durch die Teilnehmer

Was?	Wozu?	Wie?
Bearbeitungsraster	Analyse von Problemen in Kleingruppen, Lösungsalternativen entwickeln, Plenumsdiskussion vorstrukturieren	1. Funktion erklären 2. Analysefragen vorstellen 3. Gruppenarbeit erklären 4. Kleingruppen bilden und eigenständig arbeiten lassen 5. Gruppenergebnisse vorstellen und im Plenum diskutieren
Themenspeicher	Überblick über Lösungsschritte schaffen und Prioritäten setzen	1. Funktion erklären 2. Themen/Lösungsschritte präzise formulieren 3. Bewertung der Wichtig- bzw. Dringlichkeit der Bearbeitung der Themen von den Teilnehmern durch Bepunkten
Aktivitätenkatalog	Verbindlichkeiten erzielen, Aktivitäten festlegen, Selbstkontrolle sicherstellen	1. Funktion erklären 2. Aktivitäten präzise formulieren 3. Selbstverpflichtungen provozieren und terminieren 4. Weiteres Vorgehen sichern
Abschlussfeed-back	Zufriedenheit mit Ergebnis und Prozess ermitteln	1. Funktion und Regeln erklären 2. Prozess in Gang setzen
Reflexion der Beispielmoderation	Funktionsweise der zuvor eingesetzten Instrumente erkennen und phasenweisen Einsatz der Instrumente identifizieren	Kleingruppen bilden und folgende Themen arbeiten lassen: 1. In welchen Phasen wurden die Instrumente wozu eingesetzt? 2. Was hat der Moderator, was haben die Teilnehmer getan? 3. Welches Ziel wurde damit erreicht?
Moderation eines Fallbeispiels	Teilnehmer wenden das zuvor erlebte und reflektierte Instrumentarium an, Integration des Erlernten	1. Aufgabe erklären 2. Teilaufgaben zuweisen 3. Teilnehmer bereiten eigenständig die Moderation des Fallbeispiels vor 4. Moderation wird durchgeführt 5. Feed-back durch die Gruppe und die Trainer

Tab. 1: *Instrumente für ein Moderatorentraining*

Ergebnis zu kommen. Dafür ist es in dieser Phase notwendig, Prioritäten hinsichtlich der zu bearbeitenden Probleme zu setzen. Anschließend können entsprechende Lösungsalternativen erarbeitet werden.

▶ **Handlungsorientierungsphase:** In dieser Phase wird ein gewichteter und von allen getragener Maßnahmenkatalog erstellt. In ihm werden Aufgaben mit Terminen für die einzelnen Personen festgelegt, damit die Umsetzung bzw. Übertragung in den Arbeitsalltag gewährleistet werden kann. Die Maßnahmen bzw. Ergebnisse müssen klar formuliert und von allen akzeptiert werden. Es wird das weitere Vorgehen festgelegt.

▶ **Abschlussphase:** Diese Phase sollte ein bewusstes und für alle erlebbares Ende darstellen. Um ein Erfolgserlebnis zu verdeutlichen, werden die inhaltlich-sachlichen Ergebnisse wiederholt und der Prozess, mit dem das Ergebnis zu Stande (oder nicht zu Stande) gekommen ist, reflektiert. Anschließend ist es wichtig, die positiven und negativen Emotionen, die während der gesamten Veranstaltung aufgetreten sind, deutlich zu machen. Es wird damit überprüft, ob die Bedürfnisse und Erwartungen der Teilnehmer erfüllt wurden.

Diese Phasen müssen sowohl der Moderation einer KVP-Gruppe zu Grunde gelegt werden als auch der Moderatorenschulung selbst. Jede Moderatorenausbildung muss ferner auf die Problemstellung und die Zielgruppe angepasst sein.

Der zeitliche Ablauf für die erste KVP-Moderatorenschulung von $2\frac{1}{2}$ Tagen kann z. B. wie in Bild 8 dargestellt aussehen. Tab. 1 zeigt anschließend, wie und wozu einzelne ausgewählte Instrumente im Moderatorentraining eingesetzt werden können.

5   Verschwendungssuche

WORUM GEHT ES?

Ein Betrieb, der im Wettbewerb bestehen will, muss sicherstellen, dass er in Form seiner Produkte oder Dienstleistungen bestehende Kundenwünsche erfüllt und zufrieden stellt.

Das Produkt durchläuft während des Fertigungsprozesses viele kleine Einzelschritte (z. B. Rohmaterial bearbeiten, Lagern, Transportieren, Lagern, Weiterbearbeiten etc.), von denen nur ein geringer Teil der eigentlichen Wertschöpfung (Nutzleistung) dient. Zu einem großen Teil setzen sich die im Unternehmen ablaufenden Prozesse aus Stütz- (z. B. Transport, Prüfung, Werkzeugwechsel), Blind- (z. B. Lager, Puffer) und Fehlleistungen (z. B. Ausschuss, Nacharbeit) zusammen [Tomys 1995].

 Der Kunde ist jedoch nur für die eigentliche Wertschöpfung zu zahlen bereit. Alle sonstigen betriebsinternen Aufwendungen interessieren ihn wenig. Sie sind daher Verschwendung und müssen deshalb aus dem Prozess weitgehend entfernt werden.

Ein großer Teil dieser Fehlausgaben entsteht durch die vielen kleinen Verschwendungen, die für den Verursacher nicht mehr sichtbar sind, weil sie zur Gewohnheit geworden sind.

WAS BRINGT ES?

Die Suche nach Verschwendungen führt dazu, dass die unproduktiven nicht wertschöpfenden Tätigkeiten identifiziert, markiert und beseitigt werden. Dadurch entsteht mehr Freiraum, um sinnvoller, effektiver und kreativer zu arbeiten. Die Produktivität lässt sich so ohne Mehrarbeit steigern.

Ziel der Verschwendungssuche ist es, die Verschwendungen, die das Erreichen der Unternehmensziele erschweren oder verhindern, aufzufinden und zu beseitigen. Es werden daher schwerpunktmäßig die Verschwendungen beseitigt, die Durchlaufzeit, Kosten und Qualität der Produkte beeinflussen.

Ergebnisse der Verschwendungssuche sollten sein:

▶ kürzere Durchlaufzeiten,
▶ Verbesserung der Produktqualität,
▶ höhere Produktivität,
▶ niedrigere Produktkosten,
▶ Denken in Prozessen,
▶ Prozessbeherrschung,
▶ höhere Mitarbeitermotivation.

Im Folgenden werden die einzelnen Verschwendungsarten anhand von Beispielen erläutert. Anschließend wird die Vorgehensweise zur Verschwendungssuche strukturiert aufgezeigt, sodass die Mitarbeiter sofort vor Ort nach Verschwendungen suchen können.

Die Methode der Verschwendungssuche kann auch im Bürobereich bzw. Dienstleistungsbereich eingesetzt werden.

WIE GEHE ICH VOR?

Mit Verschwendungen ist es wie mit vielen anderen Missständen: Sie werden gar nicht wahrgenommen, weil sie auf historisch gewachsenen Abläufen beruhen, und neue, einfachere Möglichkeiten überhaupt nicht in Erwägung gezogen werden. Eine radikale Sichtweise ist hier notwendig, um die vielen kleinen Verschwendungen am eigenen Arbeitsplatz oder im eigenen Arbeitsbereich zu erkennen.

Dabei sind Nutzleistungen systematisch von Stütz-, Blind- und Fehlleistungen zu trennen. Die folgenden Fragen unterstützen dabei:

▶ Welche meiner Tätigkeiten bringen tatsächlich Wertzuwachs, für den der Kunde auch zu zahlen bereit ist?
▶ Welche Tätigkeiten unterstützen die Wertschöpfung?
▶ Welche Tätigkeiten behindern die Wertschöpfung?
▶ Welche Tätigkeiten führen zu oder sind Fehlleistungen?
▶ Welche Tätigkeiten führen zu Verschwendungen bzw. sind Verschwendung?
▶ Wäre ich selbst der Kunde, wäre ich bereit dafür zu zahlen?

Wenn Sie auf diese Fragen Antworten finden, können Sie die wirklich wertschöpfenden Tätigkeiten von den Verschwendungen systematisch trennen.

Folgende Verschwendungsarten können Sie sowohl im Produktions- als auch im Bürobereich leicht auffinden (Tab. 2):

Produktionsbereich	Büro- und Verwaltungsbereich
1. Überproduktion	1. Doppel- und Mehrfacharbeit
2. Bestände	2. Bestände
3. Transport	3. Wege
4. Wartezeit	4. Warte- und Liegezeit
5. Herstellung	5. Bearbeitungs- und Suchzeiten
6. Bewegung	6. Arbeitsplatzgestaltung
7. Fehler	7. Fehler

Tab. 2: *Verschwendungsarten*

1. **Überproduktion** heißt, ein höheres Volumen als der interne bzw. externe Kunde benötigt, wird gefertigt. Dies kann z. B. das Produzieren falscher Losgrößen oder unnötiger Papierflut sein. Diese Art der Verschwendung wird auch als Blindleistung bezeichnet. Hier entstehen durch unnötige Prozessschritte die gravierendsten Folgen, denn es werden eine Reihe der nachfolgenden Verschwendungsarten verursacht.

2. **(Umlauf-) Bestände:** Bestände sind Verschwendung, denn sie benötigen Platz, führen zu Lagerkosten und Suchvorgängen, verlangen zusätzliche Materialbewegungen, können außerhalb des Produktionsprozesses beschädigt werden, verdecken Probleme wie z. B. Maschinenausfälle oder instabile Prozesse oder Bestände führen zu Durchlaufzeiten- und Kostenerhöhung. Es sind z. B. Lagerhaltung oder Puffer um Stoßzeiten auszugleichen.

   Im Bürobereich sind es Hilfsinformationen, die zur Leistungserstellung nicht benötigt werden oder mehrfach vorhanden sind, z. B. Material- und Papiertransporte aller Art.

3. **Transport:** Jede Art von Transport ist Verschwendung, weil Transport (Material- und Papiertransporte) nicht wertschöpfend sind. Wenn einzelne Arbeitsplätze weit voneinander entfernt sind, fallen **zusätzlich Kosten** für den Transport der Umlaufbestände an. Die **Durchlaufzeit** des Produktes erhöht sich.

4. **Warte- und Liegezeiten: Wartezeiten** entstehen durch unzureichende Verfügbarkeit von Informationen, Material oder Betriebsmitteln. Sie sind eine Folge von großen Puffern und langen Transportwegen. Sie führen zu einer ungleichmäßigen Auslastung von Mitarbeitern und Maschinen. Wartezeiten können durch belegte Telefonleitungen,

nicht verfügbare Arbeitsmittel, durch veraltete PCs oder Software entstehen. **Liegezeiten** entstehen dadurch, dass Informationen fehlen oder gesucht werden sowie Arbeitsmittel nicht verfügbar sind.

5. **Verschwendungen im Herstellungsprozess** sind häufig eine Folge der o. g. Verschwendungsarten. Verschwendung im Herstellungsprozess liegt aber auch dann vor, wenn es einen einfacheren oder schnelleren Weg gibt, um eine Aufgabe zu lösen oder ein Produkt herzustellen, bedingt z. B. durch nicht optimal genutzte Einrichtungen, unklare Aufträge, mangelnde Qualifikation oder zu viele Prüfvorgänge.

6. **Unnötige Bewegungen:** Häufig kann der Herstellungsprozess vereinfacht werden, indem die Bewegungen innerhalb der Arbeitsabläufe durch veränderte Arbeitsplatzgestaltung verringert werden, wie z. B. ergonomisch ungünstige Gestaltung des Arbeitsplatzes, lange Wege zwischen den Büros, wiederholtes Einarbeiten durch viele Unterbrechungen bei der Bearbeitung eines Themas, wiederholtes Bearbeiten auf Grund von Perfektionismus oder Programmabsturz.

7. **Fehler** entstehen durch Unachtsamkeit bzw. mangelnde Konzentration. Sie führen zu Doppel- und Mehrfacharbeit, zu Liege- und Wartezeiten an Arbeitsplätzen sowie zu Nacharbeit, zusätzlichen Transporten, Kontrollen oder Platzverschwendung für Reparaturteile. Fehler führen zu Qualitätsmängeln und damit zu Kundenunzufriedenheit.

Niemand kennt seinen Arbeitsplatz so gut wie Sie selbst! Sind Ihnen schon einige Verschwendungen an Ihrem Arbeitsplatz aufgefallen?

Notieren Sie sie einfach an dieser Stelle!

Zur Erhöhung der Produktivität und Ihrer eigenen Zufriedenheit sollten Sie alle diese Verschwendungen durch konsequentes Vorgehen beseitigen. Ein Teil der Verschwendungen kann sofort durch eine **5 A-Aktion** beseitigt werden.

Ein gewisser Teil von Verschwendungen wird zunächst bestehen bleiben müssen. Er bedarf der Mitwirkung Ihrer Kollegen oder liegt außerhalb Ihres Einflussbereiches. Solche Verschwendungen können nur durch grundlegende Änderung bzw. Optimierung der bestehenden Abläufe und Systeme reduziert bzw. beseitigt werden. Dafür ist zunächst eine prozessorientierte Verschwendungssuche mit Hilfe von **Prozessmapping** oder **Zielvereinbarungen** notwendig.

Um das Erreichte zu sichern, ist es beim Durchführen eines Workshops „Verschwendungssuche" notwendig:

▶ den Suchbereich abzugrenzen,
▶ alle in diesem Bereich Tätigen einzuladen,
▶ die Verschwendungsarten für jeden verständlich darzustellen,

Formblatt für die Verschwendungssuche

Bereich:	Vorgehensweise:	Verschwendungsarten:
		1. Überproduktion: 2. Bestände: 3. Transport: 4. Wartezeiten: 5. Herstellungsprozess: 6. Bewegungen: 7. Fehler/Reparaturen:	Was produzieren wir für wen in welcher Menge? Wofür wird es wann benötigt? Woher kommen Materialien/Informationen? Wie häufig bzw. wann fehlen Materialen/Infos? Sind alle Tätigkeiten sinnvoll/notwendig? Ist rr ein Arbeitsbereich optimal gestaltet? Wo muss nachgearbeitet werden?

Beschreibung:	Art:	Ort:	Wert:

Bild 9: *Formblatt für die Verschwendungssuche*

▶ den Betroffenen Zeit einzuräumen, um die in ihrem Bereich auftretenden Verschwendungen selbst zu identifizieren,

▶ die Verschwendungen zu markieren (z. B. durch farbige Kärtchen),

▶ die Verschwendungssuche zu dokumentieren und die Ergebnisse wie in Bild 9 zu visualisieren,

▶ die einzelnen Maßnahmen mit Verantwortlichen und Umsetzungsterminen festzuhalten.

6   5 A-Aktion

WORUM GEHT ES?

Die 5 A-Aktion beschreibt die Vorgehensweise, bei der in fünf Schritten das Arbeitsumfeld von Verschwendungen befreit und so hergerichtet wird, dass einer optimalen Wertschöpfung nichts im Wege steht.

Sie kann als Gesamtaktion im ganzen Unternehmen stattfinden. Auch jeder Mitarbeiter kann sie für sich an seinem Arbeitsplatz als regelmäßige Routine durchführen.

Die 5 A-Aktion wurde direkt von der japanischen 5 S (Ordnung und Sauberkeit)-Vorgehensweise abgeleitet und ins Deutsche übertragen:

- **Aussortieren** (Seiri): Unterscheiden von am Arbeitsplatz notwendigen und unnötigen Arbeits- bzw. Hilfsmitteln. Aussortieren des Unnötigen.
- **Aufräumen** (Seiton): Ordnen der für notwendig erachteten Arbeits- bzw. Hilfsmittel, sodass diese griffbereit am richtigen Platz aufbewahrt werden.
- **Arbeitsplatz sauber halten** (Seiso): Den geordneten Arbeitsplatz und die entsprechenden Arbeits- bzw. Hilfsmittel sauber halten und pflegen.
- **Anordnungen zur Regel machen** (Seiketsi): Standards, Regeln und Vorschriften (wie Tragen von Schutzbrille bzw. -handschuhen) einhalten. Zum Sauberhalten des Arbeitsumfeldes beitragen sowie täglich und kontinuierlich an den ersten drei Punkten weiterarbeiten.
- **Alle Punkte einhalten und ständig verbessern** (Shitsuke): Sich selbst disziplinieren, die o. g. Punkte zur Gewohnheit werden lassen und anschließend für die ständige Verbesserung des Arbeitsumfeldes sorgen.

Die 5 A-Aktion wurde in der Fertigungsindustrie entwickelt und wird verstärkt im Produktionsbereich angewendet. Sie kann jedoch genauso im Dienstleistungs- oder Bürobereich eingesetzt werden z. B.:

▶ Organisation des Schreibtisches,
▶ Erstellen des Jahresabschlussberichtes,
▶ Ausarbeiten eines Angebotes,
▶ Ablauf der Auftragsabwicklung.

 Für den Kontinuierlichen Verbesserungsprozess hat sich die 5 A-Aktion als Auftaktveranstaltung in Verbindung mit der Verschwendungssuche als sehr wirkungsvoll erwiesen, da die Mitarbeiter unmittelbare Verbesserungen bei ihrer täglichen Aufgabenerfüllung erleben. Sie sind dadurch sehr motiviert für weitere KVP-Aktivitäten.

WAS BRINGT ES?

Die 5 A-Aktion sollte weder als Modeerscheinung noch als Eintagsfliege betrachtet, gewertet und eingesetzt werden.

Die 5 A-Aktion ist vielmehr ein kontinuierlicher Instandhaltungsprozess des Arbeitsumfeldes, um mehr Zeit für Wertschöpfung zu haben bzw. die Zeit für Wertschöpfung besser nutzen zu können.

Wird 5 A zur täglichen Routine, so wird dauerhaft:

▶ ein sauberes, gesundes und angenehmes Arbeitsumfeld geschaffen,
▶ das Engagement der Mitarbeiter erhöht,
▶ Platz geschaffen,
▶ die Anzahl der Arbeitsunfälle sinken,
▶ die Selbstdisziplin der Mitarbeiter steigt,

▶ Maschinenzuverlässigkeit erhöht.
▶ Unnötiges Suchen von Arbeits- bzw. Hilfsmitteln entfallen,

Es werden:
▶ Verschwendungen beseitigt,
▶ Arbeitsabläufe überschaubar,
▶ Probleme (z. B. überschüssige Bestände, unnötige Transporte) früher sichtbar und
▶ Engpässe früher wahrgenommen.

WIE GEHE ICH VOR?

Vor Beginn einer 5 A-Aktion ist zunächst der Wissensstand über KVP und die Verschwendungsarten zu erfragen. Ist das entsprechende Wissen nicht vorhanden, ist der 5 A-Aktion ein ca. 2-ständiger KVP-Theorieteil am ersten Tag voranzustellen.

Für die darauf folgende 5 A-Aktion sollten ggf. vorher die entsprechenden Aktionsbereiche definiert werden.

6.1 Aussortieren (Seiri)

Am ersten Tag werden Gruppen mit 5 bis 8 Mitgliedern gebildet. Jeder Gruppe wird ein ausgebildeter Moderator zugeteilt, um die Gruppenarbeit zu unterstützen.

Anschließend wird ein zuvor ausgewählter Bereich begangen. Dort sollen die Teilnehmer notwendige von unnötigen Dingen unterscheiden. Unnötiges wird mit so genannten „Roten Karten" versehen.

Anschließend werden die mit der roten Karte versehenen Gegenstände, Werkzeuge, Hilfsmittel oder Bestände nochmals geprüft, indem jeweils gefragt wird:

Wofür sind die Gegenstände notwendig?

Gegenstände, die in Zukunft nicht benötigt werden und keinen reellen Wert mehr haben, werden sofort in vorher bereitgestellten Behältern entsorgt.

Gelegentlich befinden sich Werkzeuge, Hilfsmittel oder Bestände im unmittelbaren Arbeitsbereich, die nur selten benötigt werden. Diese behindern dann den reibungslosen Arbeitsablauf. Daher ist folgende Frage zu stellen:

Werden diese Gegenstände in den nächsten 30 Tagen benötigt?

Wird eine Notwendigkeit zwar nicht in den nächsten 30 Tagen, aber irgendwann in der Zukunft gefunden, kann die rote Karte entfernt werden. Diese Gegenstände werden dann an ihren dafür vorgesehenen Platz wie beispielsweise das Lager gebracht.

Der Berg der mit roten Karten versehenen unnötigen Werkzeuge, Hilfsmittel und Bestände wirft die Frage auf:

Wie viel Geld wurde dadurch unnötigerweise gebunden? Wie konnte es dazu kommen?

Die Resultate der 5 A-Aktion werden in Gegenwart der Führungskräfte am zweiten Tag präsentiert, wobei von den Gruppen eigenständige Lösungsmöglichkeiten vorgetragen werden, wobei folgende Fragen gestellt werden:

Welche Schwächen des Systems (personelle, prozessbedingte, technologische) führen zu den Verschwendungen?

Welche Maßnahmen müssen getroffen werden, um diese zu beseitigen?

Nach dem Beseitigen der unnötigen Werkzeuge, Hilfsmittel und Bestände muss festgelegt werden, **wie viel wovon** benötigt und **wo** es **wie** abgelegt wird.

Bild 10 gibt ein Beispiel für das Dokumentieren bzw. Visualisieren der 5 A-Aktion: Aussortieren.

Formblatt 5 A – Aussortieren		
Begehungsbereich:	Datum:	
Verantwortlicher:	Beteiligte:	
Kriterium:	Bewertung:	Verbesserung:
1. Unbenutzte oder defekte Arbeitsmittel (Werkzeuge, Messmittel, Vorrichtungen, Hilfsmittel) Werden die Gegenstände demnächst benutzt?		
2. Zu hohe Umlaufbestände bzw. Arbeitsvorräte (Roh-, Hilfs-, Betriebsstoffe, Fertig- oder Halbfertigteile) Werden die Bestände oder Vorräte demnächst benötigt?		
3. Fehlende, unbenutzte oder ungültige Standards (Prüfanweisungen, Arbeitspläne, Zeichnungen, Wartungspläne) Wozu dienen die bestehenden Standards?		

Bild 10: *Formblatt für das Aussortieren bei 5 A*

6.2   Aufräumen (Seiton)

Sind alle unnötigen Gegenstände entfernt, bleiben diejenigen Gegenstände, Werkzeuge, Hilfsmittel und Bestände übrig, die unmittelbar für die tägliche Arbeit benötigt werden.

Diese müssen nun entsprechend ihrer Anwendung klassifiziert und so geordnet werden, dass möglichst wenig Zeit und Aufwand für das Benutzen dieser Gegenstände aufgewendet werden muss.

Jedem Gegenstand ist daher ein für diesen reservierter Platz zuzuordnen. Auch die maximale oder minimale Anzahl, die von diesem vorhanden sein sollte, ist anzugeben (z. B. beschreiben oder markieren).

Damit hat auch jeder Platz speziell für ihn bestimmte Werkzeuge, Hilfsmittel oder Mindestbestände. Der frei gewordene Platz ist so auszunutzen, dass ein reibungsloser Ablauf gewährleistet wird.

Dies entspricht dem Kanban-System, das auf dem Prinzip der mindestbestandsorientierten Fertigungsdisposition basiert. Sobald eine bestimmte Art und Anzahl von Teilen dem Zwischenlager entnommen wurden, wird in einer anderen Produktionsstufe ein Vorgang zur Nachbestellung der entnommenen Teile ausgelöst, sodass innerhalb kürzester Zeit das Zwischenlager wieder aufgefüllt werden kann.

Zeit- und kostenaufwendige Maschinenstillstände durch Materialmangel können so eliminiert werden, wodurch die Durchlaufzeiten auf ein Optimum reduziert werden.

Dies erfordert ein gut funktionierendes Markierungssystem, wie z. B.:

- ▶ Markierungen auf dem Boden für die Größe der Zwischenbestände (Größe einer Kiste),
- ▶ Markierungen für Gänge und Arbeitsbereich,
- ▶ Markierungen für Werkzeuge,
- ▶ Markierung der Ablagesysteme,
- ▶ Farbcodes,
- ▶ Niedrigster und größter Lagerbestand.

Formblatt 5 A – Aufräumen		
Begehungsbereich:		Datum:
Verantwortlicher:		Beteiligte:
Kriterium:	Bewertung:	Verbesserung:
1. Kennzeichnen der Plätze (Werkzeuge, Messmittel, Vorrichtungen, Hilfsmittel) Kann erkannt werden, dass etwas fehlt/wohin es gehört?		
2. Kennzeichnen der Wege, Abstellflächen (Stellplätze, Material, Puffer, Sicherheitshinweise) Ist erkennbar, wo etwas abgestellt werden kann/muss?		
3. Kennzeichnen von Maschinen Ist erkennbar, um welche Art Maschinen es sich handelt, was sie leisten und was damit gefertigt wird?		
4. Kennzeichnen der Umlaufbestände und Arbeitsvorräte Sind alle Bestände korrekt bezeichnet?		

Bild 11: *Formblatt für das Aufräumen bei 5 A*

6.3   Arbeitsplatz sauber halten (Seiso)

Nachdem alle Gegenstände, Werkzeuge, Hilfsmittel und Bestände optimal angeordnet sind, müssen die Arbeitsplätze einschließlich der Maschinen und Werkzeuge gereinigt werden. Beim Reinigen der Maschinen insbesondere im Fertigungsbereich können viele Unzulänglichkeiten entdeckt werden wie z. B.:

▶ Ansätze von Rissen,
▶ Ölleckagen sowie
▶ lose Schrauben und Muttern.

Die Zeit nach der 5 A-Aktion ist für den Kontinuierlichen Verbesserungsprozess eine *kritische Phase,* da bei den Mitarbeitern eine berechtigte Erwartungshaltung erzeugt wurde. Wird diese Erwartung nicht erfüllt, ist das Vertrauen, „dass jetzt endlich mal was passiert", enttäuscht und KVP wird unglaubwürdig.

Formblatt 5 A – Arbeitsplatz sauber halten		
Begehungsbereich:	Datum:	
Verantwortlicher:	Beteiligte:	
Kriterium:	Bewertung:	Verbesserung:
1. Sauberkeit am Arbeitsplatz Kann der Arbeitsplatz ohne großen Aufwand gereinigt werden?		
2. Gesamteindruck des Begehungsbereichs Kann der Bereich ohne große Aufräumaktion jedem Besucher gezeigt werden?		
3. Abfallentsorgung Wird der Abfall getrennt? Sind genügend Sammelbehälter vorhanden?		

Bild 12: *Formblatt für das Aufräumen bei 5 A*

Daher ist es wichtig, dass am Ende der 5 A-Aktion ein Maßnahmenkatalog bzw. Vereinbarungsspeicher gemeinsam von allen Teilnehmern verabschiedet und von der Führung akzeptiert wird. Darin sollten enthalten sein:

▶ Maßnahmen zur Verringerung von Beständen,
▶ Vereinbarungen zum Einhalten der Markierungen,
▶ Maßnahmen zum regelmäßigen Sauberhalten des Arbeitsplatzes sowie
▶ Konsequenzen bei Verstößen.

6.4   Anordnungen zur Regel machen (Seiketsi)

Eine einmalige Reinigungsaktion in einem Bereich durchzuführen, ist relativ leicht zu organisieren. Regelmäßig Tag für Tag kontinuierlich sauber zu halten erfordert die Veränderung geliebter Gewohnheiten.

Wenn jedoch Verhaltensweisen, die für ein sauberes und stets geordnetes Arbeitsumfeld sorgen, nicht zur Gewohnheit werden, ist der Ausgangszustand bald wieder erreicht.

Daher müssen die Mitarbeiter gemeinsam eine Systematik mit entsprechenden Verfahren entwickeln, mit deren Hilfe ein „Sauberhalte-Prozess" in Gang gesetzt wird. Folgende Punkte sind wichtig:

▶ Es muss ein Prozessverantwortlicher bestimmt werden, Termine, Teilnehmer und Ort der nächsten 5 A-Aktion festgelegt werden.
▶ Es müssen regelmäßige Meetings zur Erfolgskontrolle stattfinden (siehe Maßnahmenkatalog und Vereinbarungsspeicher).
▶ Die (Nicht-) Erfolge müssen kontinuierlich visualisiert werden.

Formblatt 5 A – Anordnungen zur Regel machen		
Begehungsbereich:		Datum:
Verantwortlicher:		Beteiligte:
Kriterium:	**Bewertung:**	**Verbesserung:**
1. Einhaltung der ersten 3A Hält sich jeder MA an die arbeitsplatzspezifischen Regelungen für Ordnung und Sauberkeit?		
2. Verantwortlichkeiten geklärt Weiß jeder MA wann, wie, wo und von wem etwas angefordert bzw. neu bestellt wird?		
3. Transparenz der Prozesse Kennt jeder MA seine Prozesse? Gibt es Angaben zu den Arbeitsabläufen?		

Bild 13: *Formblatt für Anordnungen zur Regel machen bei 5 A*

6.5 Alle Punkte einhalten und ständig verbessern (Shitsuke)

Ohne Selbstdisziplin jedes Einzelnen wird sich in kürzester Zeit der Zustand vor der 5 A-Aktion wieder einstellen. Daher müssen alle darauf achten, dass die o. g. vier Schritte konsequent durchlaufen werden. Dadurch werden die neuen Verhaltensweisen zur Gewohnheit.

Motivierend für die Mitarbeiter ist es, wenn der Erfolg bzw. Fortschritt der 5 A-Aktion in jeder Phase bewertet wird. Folgende Möglichkeiten bieten sich dafür an:

- ▶ Bewertung durch die Mitarbeiter selbst,
- ▶ Bewertung durch einen KVP-Berater,
- ▶ Bewertung durch die Führungskraft,
- ▶ Kombination der o. g. drei Möglichkeiten und
- ▶ Wettbewerb zwischen den einzelnen Teams.

 Wichtig für das kontinuierliche Verfolgen der 5 A-Aktion ist das konsequente Visualisieren der Fortschritte (siehe dazu Bild 10 bis 13).

7 Prozessmapping

WORUM GEHT ES?

Transparenz über die ablaufenden Prozesse und Identifikation der Mitarbeiter mit diesen kann mittels Prozessmapping hergestellt werden.

> Nach DIN EN ISO 9000:2000 ist ein Prozess „ein Satz von in Wechselbeziehung oder Wechselwirkung stehenden Tätigkeiten, der Eingaben in Ergebnisse umwandelt."

Danach kann jede Aktivität im Unternehmen als Prozess betrachtet werden. Dies führt zu vielen kleinen Kunden-Lieferanten-Beziehungen, die sich durch das gesamte Unternehmen ziehen. Kernprozesse im Unternehmen sind der:

▶ **Auftragsabwicklungsprozess:** er umfasst (siehe Bild 14) z. B. Auftragseingang, Angebotserstellung, Einkauf, Produktentwicklung, Fertigung, Vertrieb, Lieferung, Service und Verwaltung.

▶ **Produktentstehungsprozess:** er umfasst z. B. Ideenfindung, Entwicklung, Erprobung, Qualitäts- und Produktionsplanung, Produktion.

▶ **Strategieprozess:** er umfasst z. B. Marktforschung, Analyse, Planung, Aufnahme und Institutionalisierung neuer Geschäftsziele, Budgetierung und Berichterstattung.

Mapping bedeutet, etwas bis ins Detail strukturiert darzustellen. Mit Hilfe der strukturorientierten Systembetrachtung [Kostka 2002] können die Prozesse oder auch Teilprozesse in moderierten Workshops von den am Prozess Beteiligten entsprechend Bild 14 visualisiert und analysiert werden.

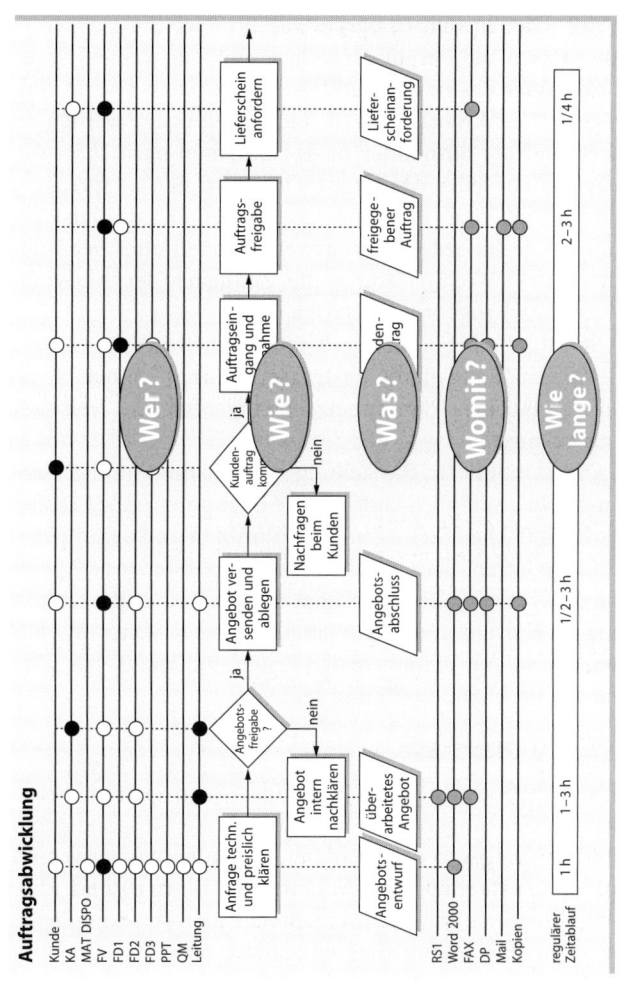

Bild 14: *Visualisieren eines Prozessmappings*

Auf jeder in Bild 14 dargestellten Linie sind mit schwarzen Kreisen die Verantwortlichen und mit weißen Kreisen die an einer bestimmten Aktivität Beteiligten (Wer?) eingetragen. Die Aktivitäten (z. B. Entscheidungen) werden entsprechend der Sinnbilder in Ablaufplänen nach DIN 66001 festgehalten. Jeder Aktivität (Wie?) wird der entsprechende Output (z. B. das Produkt) zugeordnet (Was?). Zusätzlich können die für jede Aktivität verwendeten oder benötigten Hilfsmittel (Womit?) sowie die Zeitdauer der Aktivitäten (Wie lange?) zugeordnet werden.

Sowohl die Beteiligten (z. B. einer Arbeitsgruppe) als auch die Aktivitäten (z. B. die Auftragserstellung) können wiederum als einzelnes System betrachtet werden und sind daher Subsysteme.

Die kombinierte Darstellung von Abläufen und Strukturen macht es möglich, auftretende oder potenzielle Probleme der ursächlichen Stelle genau zuzuordnen und damit präzise zu formulieren. Dies erleichtert das anschließende Ableiten konkreter Aktivitäten. Denn das Ergebnis eines Prozessmappings sollte ein von allen Beteiligten getragener Maßnahmenkatalog mit Verantwortlichkeiten und konkreten Terminen zur Problembeseitigung sein.

WOZU DIENT ES?

Mit Hilfe eines Prozessmappings kann geklärt werden, wie die Eingangsgrößen (Input) in die Ausgangsgrößen (Output) umgewandelt werden. Es werden der strukturelle Aufbau (Zuständigkeiten, Verantwortlichkeiten) und Ablauf (Prozessanalyse) sowie die entsprechenden strukturellen Zusammenhänge identifiziert und analysiert.

Das Prozessmapping dient vor allem zur Analyse von Abläufen (z. B. Auftragsabwicklung, Materialfluss) oder zum

Aufstellen von Soll-Prozessabläufen. Dies schafft Klarheit und Übersicht über die Prozessabläufe, darin enthaltene Probleme und deren Ursachen.

Jeder Prozess kann auf diese Weise in seine Teilprozesse untergliedert werden. Die Kombination von Abläufen und Strukturen in der Darstellung ermöglicht die genaue Zuordnung von Problemen und den verursachenden Stellen. Dabei werden im Prozess auftretende (Schnittstellen-Probleme erkannt und ein Aktivitätenkatalog zu deren Beseitigung erstellt. Außerdem wird das weitere Vorgehen vereinbart, z. B. turnusmäßige Treffen zum Verfolgen der Maßnahmen.

Die Anforderungen des Qualitätsmanagementsystems können bei der Betrachtung der Prozesse den einzelnen Prozessschritten zugeordnet werden. Damit werden die Zuständigkeiten für die festgelegten Verfahren deutlich. Die Mitarbeiter erkennen den Bezug der Normforderungen zu ihren konkreten Arbeitsprozessen und die Relevanz ihres Prozesses für die Erfüllung der Qualitätsforderungen an Produkte und Prozesse sowie der QM-Anforderungen.

Die Vorgehensweise eignet sich [Haberfellner u. a. 1999]:

▶ zur schnellen und übersichtlichen Lösung von Sach- und Strukturproblemen,
▶ zur Entwicklung von Soll-Prozessabläufen sowie
▶ zur Prozessoptimierung.

WIE GEHE ICH VOR?

7.1   Vorbereitung des Prozessmappings

Der Moderator führt mit den Verantwortlichen Vorgespräche durch und grenzt zusammen mit diesen den zu analysierenden Prozess ab.

Weiterhin sorgt er dafür, dass alle am Prozess beteiligten Mitarbeiter (abteilungs- und hierarchieübergreifend) eingeladen werden und die organisatorischen Fragen geklärt werden.

Der Ablauf der Moderation muss vom Moderator in allen Phasen vorbereitet werden.

7.2 Durchführen des Prozessmappings

Das gemeinsame Prozessmapping erfolgt entsprechend der Phasen des Moderationszyklusses in folgenden Schritten:

- Begrüßen und Vorstellen aller Teilnehmer,
- Erstellen eines Problemspeichers zur Übersicht über vorhandene Probleme,
- Abstimmung des Grobprozesses mit Beteiligten,
- simultanes Visualisieren des Prozesses entsprechend Bild 16 an der Pinnwand,
- Identifizieren der Probleme im Prozess,
- Festhalten der Probleme im Problemspeicher,
- Formulieren von Maßnahmen und Zuständigkeiten zur Problembeseitigung,
- Vereinbaren des weiteren Vorgehens,
- Festlegen von Arbeitsgruppen und Ergebnisverfolgung.

7.3 Ergebnisse des Prozessmappings

Durch das gemeinsame Prozessmapping werden folgende Ergebnisse erreicht:

- Herstellen von Transparenz über die Prozesse und die darin enthaltenen Schwachstellen und Probleme mit Hilfe der Visualisierung an der Pinnwand,

▶ Einigen auf ein gemeinsames Verständnis der Prozessbeteiligten über die Prozesse,

▶ Identifikation der Prozessbeteiligten mit dem gemeinsam aufgenommenen Prozess und den darin enthaltenen eigenen Aufgaben,

▶ Entwicklung eines internen Kunden-Lieferanten-Verständnisses,

▶ Maßnahmenliste zur Beseitigung der Schwachstellen und Probleme,

▶ Identifikation der Teilnehmer mit den festgelegten Maßnahmen,

▶ Motivation für die zu erfüllenden Aufgaben,

▶ Verbesserung der Kommunikation zwischen den am Prozessmapping Beteiligten (abteilungs- und hierarchieübergreifend),

▶ Bildung von Teams für Verbesserungsmaßnahmen,

▶ Festlegen eines Turnus von Terminen für die Fortschrittsberichterstattung bzgl. der festgelegten Maßnahmen zur Prozessoptimierung,

▶ Visualisieren der Fortschritte.

8 Zielvereinbarung

WORUM GEHT ES?

Um die Identifikation und die Beteiligung aller Mitarbeiter an den Verbesserungsaktivitäten zu erreichen, wird bei KVP ihre Einbeziehung in den Zielvereinbarungsprozess gefordert, der als Synonym für anglo-amerikanische *Policy Deployment* und das japanische *Hoshin Kanri* verwendet wird.

Das Thema „Führen mit Zielen" ist nicht neu. Bereits in den 50er-Jahren wurde es unter dem Begriff *Management by Objectives* propagiert. Leider geht es hier mehr um Zieldefinitionen und -entscheidungen. Es werden quantifizierbare Geschäftsziele vom Management gesetzt, die dann von den Mitarbeitern verfolgt werden sollen, ohne dass diese an der Zielformulierung beteiligt waren.

Unter einem **Ziel** ist ein erstrebenswerter Zustand, der als Ergebnis bestimmter Verhaltensweisen eintreten soll, zu verstehen. Was als erstrebenswert angesehen wird, ist jedoch von Mensch zu Mensch verschieden. Dies bedeutet, dass sich die Mitarbeiter mit den Unternehmenszielen nur dann identifizieren können, wenn sie an der für ihren Aufgabenbereich betreffenden Zielformulierung beteiligt werden [dazu Hummel 2000].

Dies erfordert einen Abstimmungsprozess sowohl zwischen vor- und nachgelagerten Hierarchieebenen als auch zwischen vor- und nachgelagerten Bereichen.

Die Beteiligten prüfen gemeinsam, ob die Ziele realistisch sind und zu sinnvollen Veränderungen führen.

Dies ist ein Prozess der Zielvereinbarung. Darin wird für jeden deutlich, welche individuelle Rolle er in seinem Aufgabenbereich spielt und welchen Beitrag er für das Unternehmen leistet. Neu dabei ist auch das Veröffentlichen von Zielen an Schautafeln. Dies schafft Transparenz und dient als Controllinginstrument zur Zielverfolgung.

Vereinbaren bedeutet nicht ein Verkünden der Ziele, sondern ein Aushandeln von messbaren, realistischen und terminierbaren arbeitsplatzspezifischen Zielen. Diese sind vom Mitarbeiter selbst initiiert, für ihn attraktiv, und dadurch motivierend. Dieses Vorgehen sichert darüber hinaus, dass die Gesamtziele für den Mitarbeiter sowie sein dazu geleisteter Beitrag unmittelbar erkennbar sind.

WAS BRINGT ES?

Ziele zu vereinbaren ist eine wichtige Führungsaufgabe, denn Ziele geben den Mitarbeitern die Orientierung für die Erfüllung ihrer Aufgaben.

Eingebettet in ein Gesamtverständnis für die Organisation geben Ziele innerhalb des Entscheidungs- und Tätigkeitsspielraumes eine Handlungsorientierung für jeden einzelnen Mitarbeiter und motivieren zur Verantwortungsbereitschaft.

Erwartungen und Wünsche (sog. Motive) sind angestrebte Zielzustände, die sich im Laufe der Sozialisation auf Grund von **Bedürfnissen** bei Personen herausgebildet haben.

Aus dem Inhalt und der Ursache der Bedürfnisse entwickeln sich konkrete (intrinsische oder extrinsische) Motive. Die Aktivierung von Motiven erfolgt durch Anreize (z. B. Entlohnung, Arbeitsinhalte).

Extrinsische Motive werden durch äußere Begleiterscheinungen (z. B. Belohnung, Bezahlung oder auch Bestrafung, also positive und negative Sanktionen) hervorgerufen. Intrinsische Motive sind dagegen äußerlich zweckfrei und resultieren aus der Identifikation mit der Aufgabe selbst. Sie werden aktiviert durch ein Erkundungsbedürfnis und Neugier sowie durch das Bedürfnis nach Anerkennung.

Die Motive erhalten aber nur dann verhaltenswirksamen Aufforderungscharakter, wenn sie als solche von der Person wahrgenommen werden, d. h., wenn ein bestimmtes Anspruchsniveau vorhanden ist. Denn die Idee des Anspruchsniveaus geht davon aus, dass jedes Verhalten, wenn auch teilweise unbewusst, bestimmten individuellen Zielen folgt. Diese führen zur Motivation, bestimmte Handlungen zu vollziehen.

Zielvereinbarungen dienen daher dazu, die intrinsischen Motive (individuelle Ziele) der Mitarbeiter dahingehend zu aktivieren, dass diese mit den Unternehmenszielen übereinstimmen.

Werden die Mitarbeiter an der Zielformulierung beteiligt, werden sie zu Initiatoren ihrer aufgabenbezogenen Ziele. Sie können sich damit identifizieren, denn sie hatten einen Einfluss darauf.

Um klar ihren eigenen Beitrag zur Zielerfüllung identifizieren zu können, fehlt den Mitarbeitern häufig die nötige Transparenz über den Gesamtprozess, die Zuordnung der Probleme und Ziele zu den einzelnen Prozessschritten. Durch Zielvereinbarungen wird daher nicht nur die Übernahme von Verantwortung gefördert, es kommt vor allem zu einer Wissenserweiterung bzgl. der Unternehmenszusammenhänge.

WIE GEHE ICH VOR?

Die Mitarbeiter werden erst dann selbstverantwortlich und engagiert Ziele verfolgen, wenn ihnen die übergeordneten Zusammenhänge verdeutlicht werden und sie daraus selbst Ziele ableiten und formulieren können.

Die Zielvereinbarungen finden daher in Workshops statt, bei denen Teilnehmer von drei Hierarchieebenen partizipieren, damit keine Informationen von Hierarchieebene zu Hierarchieebene verloren gehen können. Ein Moderator fungiert dabei als Vermittler (Bild 15).

Die Ergebnisverantwortung in allen Phasen des Zielvereinbarungsprozesses liegt bei der jeweils obersten Hierarchieebene. In Bild 15 wird dies durch schwarz ausgefüllte Kreise symbolisiert.

Die Vorgehensweise bei der Zielvereinbarung wird in der Phase der Klärung zunächst zwischen Moderator und der jeweils höchsten beteiligten Führungskraft abgestimmt.

In der Phase der Vorbereitung werden die Geschäfts- bzw. Ergebnisziele für das operative Geschäft z. B. vom Werksleiter und den Abteilungsleitern geklärt. Zur klaren und eindeutigen Formulierung der Ergebnisziele für das operative Geschäft liefert der Moderator methodische Unterstützung.

Ergebnisorientierte Ziele (oder Geschäftsziele) leiten sich von der Geschäftsstrategie (Marktgröße, Marktwachstum, Wettbewerbsvorteil) ab.

Prozessorientierte Ziele beziehen sich auf die Verbesserung einzelner Prozesse. Messgrößen orientieren sich an Qualität, Kosten und Zeit. Beispiele für Prozessziele sind:

- Senken der Produktkosten um 20 %,
- Reduzieren der Durchlaufzeit um 30 %,
- Verkürzen der Entwicklungszeit um 30 %,
- Senken der Entwicklungskosten um 40 %.

Da das Verhalten aller Mitarbeiter gegenüber Kunden, Führungskräften, Kollegen, Mitarbeitern und der Öffentlichkeit Einfluss auf den Unternehmenserfolg hat, sind ebenfalls verhaltensorientierte Ziele zu vereinbaren, wie z. B.:

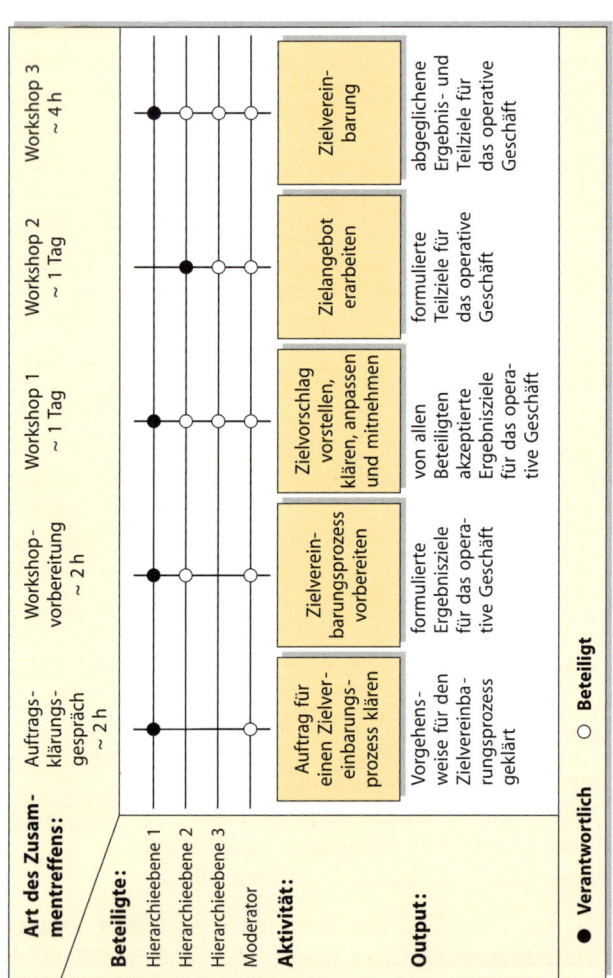

Art des Zusammentreffens:	Auftragsklärungsgespräch ~ 2 h	Workshopvorbereitung ~ 2 h	Workshop 1 ~ 1 Tag	Workshop 2 ~ 1 Tag	Workshop 3 ~ 4 h
Beteiligte:					
Hierarchieebene 1	●	●	●	○	●
Hierarchieebene 2	○	○	○	●	○
Hierarchieebene 3				○	○
Moderator	○	○	○		○
Aktivität:	Auftrag für einen Zielvereinbarungsprozess klären	Zielvereinbarungsprozess vorbereiten	Zielvorschlag vorstellen, klären, anpassen und mitnehmen	Zielangebot erarbeiten	Zielvereinbarung
Output:	Vorgehensweise für den Zielvereinbarungsprozess geklärt	formulierte Ergebnisziele für das operative Geschäft	von allen Beteiligten akzeptierte Ergebnisziele für das operative Geschäft	formulierte Teilziele für das operative Geschäft	abgeglichene Ergebnis- und Teilziele für das operative Geschäft

● **Verantwortlich**   ○ **Beteiligt**

Bild 15: *Ablauf von Zielvereinbarungen*

▶ Pünktlichkeit bei Terminen und Absprachen,
▶ Ordnung und Sauberkeit am Arbeitsplatz,
▶ Einhalten von Regeln.

Ist die gelieferte Qualität der Produkte oder Dienstleistungen zu schlecht, sind die Kosten zu hoch oder die Lieferung zu langsam, wird der Kunde sich beim Wettbewerber umschauen und ggf. dort kaufen. Als Folge für das Unternehmen geht der Umsatz und der Gewinn zurück. Das wiederum hat Auswirkungen auf die Beschäftigungs- und schließlich auf die Zukunftssicherung des Unternehmens.

Um sicherzustellen, dass die definierten und vereinbarten Ziele auch konsequent verfolgt werden, müssen sie messbar sein. Hilfreich dabei ist es, wenn der Stand der Zielerreichung fortlaufend visualisiert wird.

Dies erfolgt in fünf Schritten [Siemens 1995]:

▶ **Prozessdarstellung:** Beschreibung eines durchgängigen Prozesses in einzelnen Prozessschritten mit Hilfe der Prozessmapping (siehe Bild 16)
▶ **Prozessschrittbeschreibung:** Analyse einzelner Prozessschritte bzw. (Teil-) Prozesse
▶ **Definition konkreter Messgrößen** für die Prozessverbesserungsziele (Qualität, Kosten, Zeit)
▶ Konkrete **Prozessverbesserungsziele formulieren und prüfen**
▶ Möglichkeiten der Visualisierung und konkrete **Aktionen zur Zielerreichung festlegen**

Prozessdarstellung

Grundlage für das Erreichen der Ergebnisziele ist die Verbesserung der Prozesse. Um diese jedoch verbessern zu können, müssen die Prozesse zunächst für alle Beteiligten transparent sein. Erst dann können Verbesserungspotenziale erschlossen werden. Das Vorgehen ist hier gemäß der Prozessmapping in Bild 14.

Prozessschrittbeschreibung

Da jede Aktivität als Prozess betrachtet werden kann, ist es für jede Teilaktivität wiederum möglich Input- und Outputgrößen zu beschreiben und Probleme zu analysieren. Es ist wichtig für jeden Prozessschritt, die Beteiligten und die Zuständigen festzustellen. Dies erleichtert das Aufzeigen und Implementieren von Verbesserungsmöglichkeiten. Das Formblatt in Bild 17 stellt eine Möglichkeit dar, um einen Prozessschritt zu analysieren.

An dieser Stelle kann es gelegentlich problematisch sein, die Führungskräfte von der Notwendigkeit einer klaren Zielformulierung zu überzeugen.

Es ist darauf zu achten, dass neben den ergebnisorientierten Zielen auch die prozess- und verhaltensorientierten (Bild 16) vereinbart werden.

Anschließend werden den Meistern und Sachbearbeitern in einem ca. vierstündigen moderierten Workshop die Gesamtziele vorgeschlagen. Gemeinsam mit allen Beteiligten werden diese diskutiert bzw. in Kleingruppenarbeit angepasst und als Grundlage für das weitere Vorgehen von allen akzeptiert. Als Richtwerte zur Definition von Prozesszielen dienen:

▶ Anforderungen der Kunden,
▶ Vergleiche mit den Wettbewerbern oder
▶ eigene Zielsetzungen auf Grund angestrebter Verbesserungen.

Aufgabe der Führungskräfte ist es, zusammen mit den Prozessverantwortlichen und -beteiligten Prozessziele zu definieren. Für die erfolgreiche Umsetzung der Prozessziele ist es notwendig, diese so zu definieren, dass überschaubare Beiträge für die einzelnen Gruppen bzw. Mitarbeiter deutlich werden. Es sind schließlich die einzelnen Mitarbeiter, die die erfolgreiche Abwicklung der Unternehmensprozesse gewährleisten.

Das Erreichen ehrgeiziger Ziele wird maßgeblich durch das Verhalten der Mitarbeiter beeinflusst und ermöglicht. Verhaltensorientierte Ziele unterstützen oder sichern das Erreichen der Prozessziele.

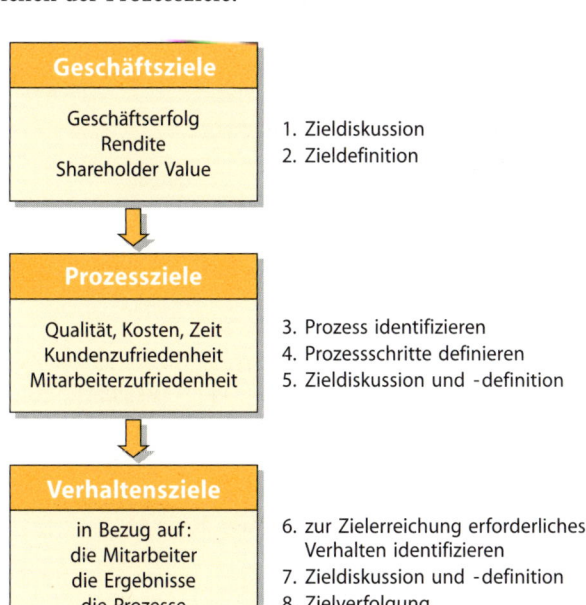

Bild 16: *Ergebnis-, Prozess- und Verhaltensziele*

Sie sind orientiert an formellen und informellen Regeln der Abteilung bzw. der Gruppe.

Messgrößen für Prozessziele beziehen sich auf die Verbesserung von Zeit, Kosten und Qualität der Prozesse. Verhaltensziele hingegen beziehen sich auf die Verbesserung von Zeit, Kosten und Qualität im zwischenmenschlichen Bereich.

Die Basis für einen gelungenen Zielvereinbarungsprozess sind daher erfolgreich vereinbarte prozess- und verhaltensorientierte Ziele mit den Mitarbeitern.

Daher soll im Folgenden zunächst der Zusammenhang zwischen ergebnis-, prozess- und verhaltensorientierten Zielen dargestellt werden.

Prozessschritt:	Datum:		Verantwortlicher:		
Input:	Beteiligte:		Output:		
	von wem? an wen?				
Probleme:			Probleme:		
Messgrößen:			Ist:	Möglich:	Ziel:
Qualität:					
Kosten:					
Zeit:					

Bild 17: *Prozessschrittanalyse*

Definition konkreter Messgrößen

Sind Input, Output, die jeweiligen Beteiligten und Zuständigen sowie ggf. auftretende Probleme des Prozessschrittes festgehalten, so können anschließend die Messgrößen für Qualität, Kosten und Zeit definiert werden. Dafür sind folgende Fragen zu klären:

▶ Welche Messgrößen sind für die Beschreibung des Ist-Zustandes für diesen Prozessschritt sinnvoll?
▶ Welche Werte haben die Messgrößen heute?
▶ Welche Werte könnten sie haben (Benchmarks)?
▶ Welche konkreten Verbesserungen der Werte wollen wir uns realistischerweise als Ziel setzen?

Konkrete Prozessverbesserungsziele formulieren und prüfen

Um die Zielerfüllung für jeden nachvollziehbar überprüfen zu können, müssen die Ziele entsprechend formuliert werden.

Eine Möglichkeit, motivierende Ziele zu formulieren, ist die Anwendung der S.M.A.R.T.-Kriterien:

S – Selbstinitiiert

Ziele müssen aus eigenem Antrieb festgelegt werden. Selbstinitiierte Ziele motivieren sehr stark, wenn sie erreichbar sind. Fremdbestimmte Ziele haben Befehlscharakter.

▶ Inwiefern können Sie das Erreichen des Ziels selbst steuern?

M – Messbar

Um eine Erfolgskontrolle bzgl. des Erreichens der Ziele durchführen zu können, muss klar sein, wie bzw. woran die Ziele gemessen werden können.

▶ Woran genau erkennen Sie, ob Sie das Ziel erreichen werden bzw. dass das Ziel erreicht wurde?

A – Attraktiv

Jedes Ziel hat ein Motiv. Niemand tut etwas ohne Grund. Daher ist es nützlich zu wissen, was sich ändert, wenn das Ziel erreicht ist. Hier sind Hindernisse und Folgen zu erkennen, die entstehen, wenn das Ziel bereits verwirklicht ist.

▶ Wozu wollen Sie dieses Ziel erreichen?
▶ Was ändert sich durch das Erreichen dieses Ziels?

Ziele sollen motivieren und müssen daher unbedingt positiv formuliert werden. Grund hierfür ist die Art und Weise, wie unser Hirn Sprache verarbeitet. Wir machen uns sofort ein Bild vom Gesagten. Wie das folgende Beispiel zeigt, werden Verneinungen nicht berücksichtigt:

„Denken Sie jetzt nicht an eine pinkfarbene Maus mit grünen Punkten auf einem Fahrrad."

Merken Sie, wie groß die Anstrengung ist, dieses Bild nicht entstehen zu lassen und es anschließend wieder wegzuwischen.

Ähnlich verhält es sich mit negativ formulierten Zielen. Das negative wird immer wieder im Gedächtnis aktiviert. Formulieren Sie daher das Ziel so, wie der gewünschte Zustand aussehen soll. Formulieren Sie positiv und ohne Vergleiche!

▶ Was genau wird sein, wenn das Ziel erreicht ist?

R – Realistisch

Ziele können hochgesteckt werden, müssen jedoch mit Anstrengung erreichbar bleiben. Ziele, die mühelos erreicht werden können, motivieren nicht.

▶ Ist das Ziel auch tatsächlich erreichbar?

T – Terminiert

Wichtig für die Erfolgskontrolle ist es, dass ein genaues Datum festgelegt wird, bis zu dem das Ziel erreicht sein muss.

▶ Wann genau muss das Ziel erreicht sein?

Möglichkeiten der Visualisierung und konkrete Aktionen zur Zielerreichung festlegen

Schautafeln dienen der Selbstkontrolle von Gruppen bzw. Mitarbeitern. Zudem sind sie – sofern an zentralen Stellen angebracht – für alle Beteiligten motivierend. Öffentliche Visualisierungen haben daher viele Vorteile:

▶ Visualisierungen fokussieren auf das Wesentliche und zwingen damit, Prioritäten zu setzen.
▶ Erfolgskontrolle wird durch entsprechende Kennzahlen erleichtert. Der Zielerreichungsgrad ist auf einen Blick erkennbar.
▶ Jeder (z. B. Mitarbeiter, Kollegen, Führungskräfte) kann jederzeit eine Erfolgskontrolle durchführen.
▶ Der Zielerreichungsgrad wird zur öffentlichen Verpflichtung und motiviert jeden Einzelnen zur Zielerreichung beizutragen.
▶ Ursachen für Fehlentwicklungen werden schnell transparent und können früh identifiziert werden.

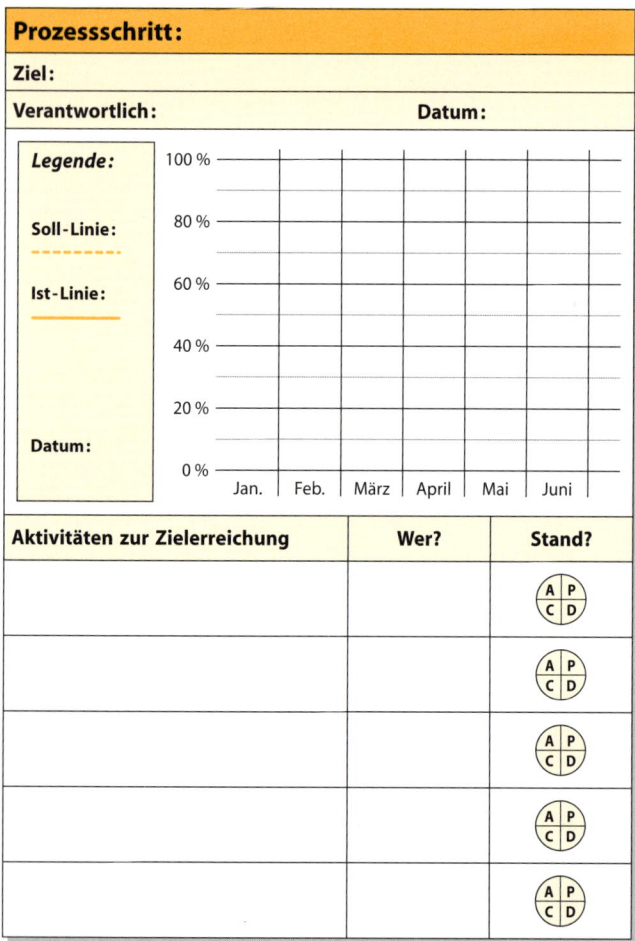

Bild 18: *Formblatt zur Erfolgskontrolle*

Ziele zu formulieren, zu definieren, zu vereinbaren und zu kontrollieren, sind wichtige Schritte zur Zielerreichung. Dabei ist es wichtig, in überschaubaren Zeitabschnitten, z. B. jeden Monat, eine Fortschrittskontrolle durchzuführen. Das motiviert nicht nur die Mitarbeiter, sondern gibt die Möglichkeit, Prioritäten, wenn nötig, zu verschieben oder die Sinnhaftigkeit bestimmter Aufgaben erneut zu prüfen (Bild 18).

Für die Fortschrittskontrolle der Ziele ist es notwendig, die Ergebnis-, Prozess- und Verhaltensziele übersichtlich darzustellen.

9 Teamentwicklung

WORUM GEHT ES?

Ein Team ist eine Gruppe von Menschen, die konstruktiv zusammenarbeiten und miteinander Probleme lösen, um die gemeinsam vereinbarten Ziele zu erreichen. Die engen Beziehungen, die die einzelnen Teammitglieder miteinander verbinden, tragen wesentlich zum Erbringen hervorragender Leistungen bei. Dies setzt jedoch eine Begrenzung der Mitgliederzahl auf max. 10 Personen voraus.

Aus einer Gruppe von Menschen bildet sich, auf Grund der vielschichtigen Verhaltensweisen unterschiedlicher Personen, nicht zwangsläufig ein Team. Vielmehr treten beim Zusammentreffen von Menschen zunächst i. d. R. Konflikte auf (siehe Abschnitt Moderatorentraining).

Um diese zu vermeiden, haben sich in den letzten Jahren Maßnahmen zur Teamentwicklung sehr bewährt.

Dauerhaft oder zeitlich begrenzt bestehende Arbeitsgruppen gehen in gemeinsame Trainings, um die Art der Zusammenarbeit zu entwickeln oder zu optimieren.

Dabei wird geprüft:

▶ in welchem Umfeld sich das Team bewegt,
▶ welche Fähigkeiten und Fertigkeiten benötigt werden,
▶ welche Stärken und Schwächen vorhanden sind,
▶ wer welche Rolle einnimmt bzw. einnehmen kann,
▶ welche Regeln im Team gelten sollen,
▶ was das Team nach außen verkörpert und
▶ welche Ziele das Team anstrebt.

Teamentwicklungen werden entsprechend der Problemlage des Teams durchgeführt, z. B.:

▶ präventiv zur Bildung von Arbeits- bzw. Projektgruppen,

▶ zur Verbesserung der Zusammenarbeit,

▶ bei Störungen (Intransparenzen, Beziehungsprobleme) in der Zusammenarbeit,

▶ bei einem Führungswechsel, um die Mitarbeiter möglichst schnell kennen zu lernen.

Dafür gibt es eine Reihe von Instrumenten, die im Folgenden nur teilweise dargestellt werden können.

 Es ist nicht sinnvoll, Teamtrainings „von oben" zu verordnen, ohne das Einverständnis der Betroffenen eingeholt zu haben.

WAS BRINGT ES?

Hauptziele von Teamentwicklungen sind [Comelli 1999]:

▶ Verbesserung des Rollenverständnisses jedes Teammitgliedes in der Arbeitsgruppe,

▶ Verbessertes Verständnis für die Rolle des Teams innerhalb der Gesamtorganisation,

▶ Verbesserung der Kommunikation im Team,

▶ Stärkung der gegenseitigen Unterstützung innerhalb des Teams,

▶ Klares Verständnis über die gruppendynamischen Prozesse im Team,

▶ Lösen von Konflikten,

▶ Erhöhung der Kreativität,

▶ Entwickeln der Fähigkeit, Konflikte positiv zu nutzen,

▶ Verbesserung der Problemlösungsfähigkeiten im Team,

▶ Verbesserte Entscheidungsfindung,

▶ Verbesserung der Fähigkeit, mit anderen Gruppen im Unternehmen zusammenzuarbeiten,

▶ Erhöhung des gegenseitigen Vertrauens.

Teamentwicklungen dienen im Wesentlichen dazu, dass die Gruppe neue Wege zur Lösung ihrer aktuellen Probleme findet. Dabei eignen sich die Teilnehmer neue Fähigkeiten an, um mit den anderen Teammitgliedern konstruktiv an der Lösung komplexer Probleme zu arbeiten.

Bei gelungener Teamentwicklung kann im Laufe des Trainings eine deutliche Verbesserung der Zusammenarbeit beobachtet werden, weil durch die Reflexion und das gegenseitige Feed-back, die unterschiedlichen Sichtweisen der einzelnen Teammitglieder von den anderen erkannt und geschätzt werden.

Dadurch lernen die Teilnehmer, Konflikte zu nutzen und als Chance für Veränderungen zu betrachten.

Häufig wird deutlich, dass sich die einzelnen Teammitglieder im Wettbewerb zueinander befinden, was einen enormen Einfluss auf die Lösung von Sachproblemen hat. Wird dies erkannt, so kann durch veränderte Verhaltensweisen eine Vertrauensbasis hergestellt werden.

Insgesamt wird ein Bewusstsein des gegenseitigen Aufeinanderangewiesenseins entwickelt, sodass im betrieblichen Alltag eine Verbesserung der Zusammenarbeit möglich wird.

Führungskräfte werden durch Teamentwicklungen häufig erst auf die Probleme ihrer Mitarbeiter aufmerksam. Sie lernen deren Stärken und Schwächen besser kennen und erweitern so ihre Führungsfähigkeiten. Sie entwickeln zudem Vertrauen in die Fähigkeiten ihrer Mitarbeiter, was wiederum das eigenverantwortliche Handeln dieser fördert.

WIE GEHE ICH VOR?

Entsprechend der Problemstellung gibt es eine Fülle möglicher Maßnahmen für Teamentwicklungen [dazu Antons 2000; Francis u. a. 2001; Maaß u. a. 1997].

Daher kann es keine standardisierte Vorgehensweise für solche Trainings geben. Dennoch liegen jeder Teamentwicklung ganz bestimmte Phasen zu Grunde, die im Folgenden kurz dargestellt werden sollen:

▶ **Vorbereitungsphase:** Kontakt und organisatorische Abstimmung zwischen Auftraggeber, Betroffenen und einem unabhängigen Dritten (Moderator). Auftragsklärung mit Definition des gewünschten Zustandes (Vision, Mission, Ziele).

▶ **Planungsphase:** Der Moderator führt Interviews mit dem Auftraggeber und den Betroffenen durch. Hypothesenbildung oder ggf. Definition des Problems. Festlegen und Abstimmen des Trainingsdesigns.

▶ **Durchführungsphase:** Durchführen des ca. 3 bis 5-tägigen Workshops entsprechend des Moderationszyklusses.

▶ **Überprüfungsphase:** Regelmäßige Erfolgskontrolle der während der Teamentwicklung festgelegten Maßnahmen oder getroffenen Vereinbarungen.

▶ **Agierphase:** Visualisieren der Fortschritte sowie Folgeaktivitäten.

 Grundsätzlich sind unter Teamentwicklungsmaßnahmen keine isolierten Einzelaktivitäten zu verstehen, sondern wie alle anderen KVP-Aktivitäten kontinuierlich zu verfolgende Maßnahmen zur Verbesserung der Zusammenarbeit.

Trainings zur Teamentwicklung sollten daher jährlich wiederholt werden, was dauerhaft für eine Verbesserung der Handlungsfähigkeit im Team sorgt.

9.1   Vorbereitungsphase

a) Es muss zunächst ein Wunsch nach Veränderung bei der Führungskraft vorhanden sein und bei den Teilnehmern geweckt werden. Es hat keinen Sinn, eine Teamentwicklung durchzuführen, die „von oben" erzwungen wurde oder zu der die Teilnehmer ungefragt geschickt werden – ggf. noch ihren Urlaub stornieren müssen. Ein Problembewusstsein für ein Teamtraining kann bei den Betroffenen durch andere KVP-Methoden wie Verschwendungssuche, 5 A oder Prozessmanagement entwickelt werden. Impulse für Teamentwicklungen können auch durch die eigene Erfahrung eines solchen Trainings beispielsweise der Führungskraft mit dem nächst höheren Vorgesetzten kommen.

b) Es folgt die Auswahl eines geeigneten Moderators. Unabhängig davon, ob die Teamentwicklung von einem Externen oder Internen begleitet wird, muss von diesem eine Vertrauensbasis sowohl zum Auftraggeber als auch zu den Betroffenen hergestellt werden.

c) Zwischen dem Auftraggeber und dem Moderator müssen anschließend das Problem abgegrenzt, die Ziele geklärt, die Spielregeln festgelegt und Vereinbarungen über die Rahmenbedingungen der Teamentwicklung getroffen werden.

d) Um Missverständnissen vorzubeugen, ist eine Rollenklärung und Abstimmung über die gegenseitigen Erwartungen von Moderator und Auftraggeber unbedingt notwendig.

9.2 Planungsphase

a) Klärung der Erwartungen, Ziele, Rahmenbedingungen und Spielregeln mit den Teammitgliedern.

b) Der Moderator holt Fakten, Eindrücke und Anregungen ein über:

▶ das bestehende Problem,
▶ die Entwicklung und den Zustand der Gruppe,
▶ die Ambitionen und die Stellung der Gruppe in der Organisation.

c) Er prüft die Haltung bzw. Einstellung des Vorgesetzten gegenüber den Teammitgliedern und deren Handlungsspielraum (Zeit, Raum und Arbeitsmittel für Teambesprechungen). Teamentwicklungen stellen hohe Veränderungsbereitschaft an den Vorgesetzten, denn dieser muss seine Rolle ggf. völlig neu definieren. Weg vom autoritären Führungsstil hin zum Coach, der seine Mitarbeiter zu selbstverantwortlichem Handeln befähigt, ermutigt und ermächtigt.

d) Der Moderator legt entsprechend seiner aus den Vorgesprächen, Interviews oder Fragebögen entwickelten Hypothese über das Team, das Design für die Teamentwicklung fest und stimmt das Vorgehen gemeinsam mit dem Auftraggeber ab.

9.3 Durchführungsphase

a) Teamarbeit bedeutet, Gruppenprozesse effizient auf ein Ziel auszurichten. Dabei müssen die Betroffenen selbst diagnostische Fähigkeiten entwickeln, um die in der Gruppe ablaufenden Prozesse identifizieren zu können, sie richtig zu bewerten und geeignete Handlungsalternativen abzuleiten.

Jede Teamentwicklung ist daher auch gleichzeitig ein Training von Fähigkeiten und Fertigkeiten zu selbstverantwortlichem Handeln.

b) Trainings durchlaufen immer die Moderationsphasen. Für eine Teamentwicklung kann das folgendermaßen aussehen:

- ▶ **Anwärmphase:** Schaffen einer positiven Arbeitsatmosphäre
- ▶ **Problemorientierungsphase:** Anwendung systemtechnischer Diagnoseinstrumente [dazu Kostka 2002] zur Analyse der Schnittstellen des Teams zu Auftraggebern, Kunden, Konkurrenten, Partnern, etc. sowie der Produkte, Fähigkeiten der Mitarbeiter, eingesetzten Technologien und Prozesse. Dies führt i. d. R. zur Schaffung eines Problembewusstseins bzgl. der bestehenden Situation und dem Veränderungsbedarf.
- ▶ **Problembearbeitungsphase:** Behandlung des Problems und Entwickeln einer zukünftigen Strategie und Taktik. Analysieren bestehender Regeln und Prüfen auf Sinnhaftigkeit. Identifizieren von Gemeinsamkeiten und Unterschieden. Entwickeln einer gemeinsamen Vision. In der Literatur findet sich hierzu ein umfangreiches Arsenal an Instrumenten und Übungen [dazu Antons 2000; Francis u. a. 2001; Maaß u. a. 1997].
- ▶ **Ergebnisintegrationsphase:** Zusammenfassen aller in Gruppen erarbeiteten Beiträge und Lösungsalternativen und Einigen auf Schwerpunktthemen oder eine gemeinsame Vorgehensweise entsprechend der Problematik.
- ▶ **Handlungsorientierungsphase:** Es werden für jedes Teammitglied verbindliche Vereinbarungen bzgl. bestimmter Verhaltensweisen getroffen, Aufgaben entsprechend der eigenen Stärken definiert und das weitere Vorgehen festgelegt.

1. Tag	2. Tag	3. Tag
17 Uhr: Begrüßen der Teilnehmer, Klären der Ziele, des Ablaufs, der Vorgehensweise und der organisatorischen Rahmenbedingungen der Teamentwicklung	8 Uhr: Interaktionsorientierte Systembetrachtung (Fortsetzung)	8 Uhr: Entwickeln einer gemeinsamen Identität: - Vision - Fähigkeiten/Fertigkeiten - Rollen & Regeln
18 Uhr: Paarweises Interview und Klären der Erwartungen an das Teamtraining	9 Uhr: Präsentation und Diskussion der Ergebnisse der interaktionsorientierten Systembetrachtung	12 Uhr: Mittagessen
19 Uhr: Gemeinsames Abendessen	12 Uhr: Mittagessen	14 Uhr: Fortsetzung Entwickeln einer gemeinsamen Identität: - Vision - Fähigkeiten/Fertigkeiten - Rollen & Regeln
20 Uhr: Interaktionsorientierte Systembetrachtung	14 Uhr: Umfeldanalyse	18 Uhr: Entwickeln eines Aktivitätenkatalogs
22 Uhr: Ende des ersten Tages	17 Uhr: Präsentation und Diskussion der Ergebnisse der Umfeldanalyse	19 Uhr: Abschluss und Feedback
	19 Uhr: Abschluss des zweiten Tages & Feedback	20 Uhr: Abendessen
	20 Uhr: Abendessen	

Bild 19: *Ablauf einer Teamentwicklung*

Was?	Wozu?	Wie?
Formelle Begrüßung	Ankommen	1. Begrüßen der Teilnehmer 2. Eröffnen der Veranstaltung 3. Klären der Rolle des Moderators
Zielplakat	Auftragsklärung mit der Gruppe, Konsens bzgl. des Ziels, Einstimmen auf die Veranstaltung	1. Vorbereitetes Plakat vorstellen 2. Einverständnis und Meinungen der Teilnehmer einholen 3. Konsens herstellen
Paarweises Interview	Gegenseitiges Kennenlernen der Teilnehmer bzgl. außerberuflicher Themen, Finden von Gemeinsamkeiten	1. Vorbereitetes Plakat vorstellen 2. Paarweises Zusammenfinden der Teilnehmer 3. Durchführen der Interviews (Lebensstationen, Hobbys, Wünsche etc.) 4. Gegenseitiges Vorstellen im Plenum
Systembetrachtung	Identifizieren der Strukturen und Wechselwirkungen des Teams	1. Wer gehört dem Team an und in welcher Beziehung stehen diese Personen? 2. Welche gemeinsamen Ziele und Aufgaben hat das Team? 3. Was hat der Kunde davon? 4. Welcher Ertrag kommt heraus? 5. Welche Fähigkeiten und Fertigkeiten sind im Team vorhanden? 6. Welche fehlen? 7. Welche formellen/informellen Regeln hat das Team? 8. Welche Regeln sind konstruktiv, welche destruktiv? 9. Wie können destruktive Regeln verändert werden? 10. Welche neuen Regeln werden gebraucht?

Was?	Wozu?	Wie?
Umfeld-analyse	Visualisieren aller Schnittstellen des Teams, Aufzeigen der Einflussgrößen, Störfaktoren, etc. auf das Team	1. Wer beeinflusst die erfolgreiche Zielerfüllung des Teams (Kunden, Konkurrenz, Lieferanten, Auftraggeber, Gesetzgeber, Partner etc.)? 2. Wie lässt sich die Qualität der Beziehungen beschreiben? 3. Welche Störungen treten wie oft in welcher Beziehung auf? 4. Welche Chancen bieten welche Beziehungen? 5. Welche müssen für die erfolgreiche Zielerfüllung bearbeitet werden?
Entwickeln einer gemeinsamen Identität	Wer sind wir als Team? 1. Finden Sie in 2er Gruppen eine gemeinsame Metapher (Bild bzw. Analogie) für das Team! 2. Finden Sie in 4er Gruppen eine gemeinsame Metapher für das Team! Kombinieren Sie beide bisherigen Metaphern, nutzen Sie eine von beiden, oder finden Sie eine völlig neue! 3. Finden Sie in der Gesamtgruppe eine gemeinsame Metapher für das Team! Füllen Sie diese Metapher mit konkreten Inhalten! 5. Mit welchen Adjektiven würden Sie Ihr Team beschreiben (z. B. innovativ, kreativ, aggressiv)? 6. Zeichnen Sie ein Bild, finden Sie einen Slogan, schreiben Sie ein Gedicht oder singen Sie ein Lied, das Ihre Metapher widerspiegelt! Entwickeln Sie eine gemeinsame Vision! 7. Was steht im Jahr 2005 über uns in der Zeitung? Erarbeiten der neuen Fähigkeiten & Fertigkeiten sowie Regeln & Rollen! 8. Welche Fähigkeiten & Fertigkeiten brauchen wir im Team, um diese Vision zu erreichen? 9. Wie müssen wir uns verhalten, um die Vision zu erreichen?	

Tab. 3: *Instrumente für die Teamentwicklung*

▶ **Abschlussphase:** Die Teilnehmer des Teamtrainings geben ihr Urteil darüber ab, wie zufrieden sie mit dem Verlauf und dem Ergebnis des Teamtrainings sind.

c) Die Teamentwicklung sollte bei allen Beteiligten einen Veränderungsprozess in Gang gesetzt haben. Über die Akzeptanz bzgl. der Veränderung wurden neue Verhaltensregeln eingeübt und können anschließend im Arbeitsalltag verfeinert und integriert werden.

9.4 Überprüfungsphase

a) Im Anschluss an die Teamentwicklung sollten die Teilnehmer folgende Kenntnisse erworben haben:

▶ Überblick über eigene Stärken und Schwächen,
▶ Bewusstsein über die eigene Rolle im Team,
▶ Umgang mit Gruppenprozessen und Konflikten im Team,
▶ Zusammengehörigkeitsgefühl und Zielorientierung,
▶ Veränderte Kommunikationsregeln (z. B. Geben und Nehmen von Feed-back) und ggf.
▶ Systematischere Arbeitsweise (z. B. Verbesserung der Abläufe bei Besprechungen oder Problemlösungen).

b) Durchführen regelmäßiger Meetings zur Erfolgskontrolle in Abständen zwischen 1 bis 3 Monaten.

9.5 Agierphase

a) Reflexion dessen, was und wie viel von den Trainingsinhalten in die betriebliche Praxis transferiert wurde. Es kann geklärt werden, warum Ziele ggf. nicht erreicht wurden und wie die Lücke geschlossen werden kann (z. B. durch gegenseitige Hilfestellung). Dies ist ein Lernprozess für alle Beteiligten.

b) Visualisieren des Erreichten. Dies motiviert die Teammitglieder und hilft, die Ziele im Auge zu behalten. Die Führungskraft kann sich schnell einen Überblick über die Situation des Teams verschaffen und gezielt Fragen stellen.

c) Planen jährlicher Wiederholungen der Teamentwicklungsmaßnahmen zum Reflektieren und Verbessern der Zusammenarbeit im Team.

10 Visuelles Management

WORUM GEHT ES?

Bei der Bewertung der Stabilität von Prozessen gibt es zwei Möglichkeiten: entweder sie sind innerhalb der Toleranz oder sie sind es nicht. Letzteres ist ein klarer Hinweis auf Probleme.

Probleme, die niemand erkennen kann, können auch nicht gelöst werden. Die hierfür notwendige Transparenz lässt sich nur durch die anschauliche und angepasste Darstellung der relevanten Prozessgrößen herstellen. Dies ist die Aufgabe des Visuellen Managements.

Visualisieren bedeutet, etwas bildlich auszudrücken. Es können Sachverhalte, Prozesse, Diskussionen oder Befindlichkeiten optisch z. B. mit Hilfe von Diagrammen, Tabellen, Listen, Bildern, Symbolen dargestellt werden.

Management bedeutet, Ziele setzen, die Umsetzung planen, die Durchführung organisieren, überprüfen und verbessern.

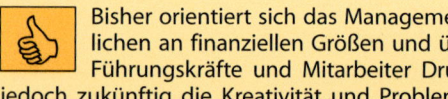 Bisher orientiert sich das Management im Wesentlichen an finanziellen Größen und übt darüber auf Führungskräfte und Mitarbeiter Druck aus. Wenn jedoch zukünftig die Kreativität und Problemlösungsfähigkeit der selbstverantwortlich handelnden Mitarbeiter genutzt werden sollen, dann muss ein System im Unternehmen geschaffen werden, was sich an der **Realität also am Ort des Geschehens ausrichtet.**

Visuelles Management orientiert sich an drei Realitäten [Suzaki 1994]:

- **Realer Ort:** Keine Folie mit Daten, kein Vortrag oder Buch ist so aussagekräftig wie die Konfrontation mit den Problemen vor Ort.
- **Reale Sache:** Vor Ort können sich die Führungskräfte selbst ein konkretes Bild mit allen 5 M (Mensch, Maschine, Material, Messmethode, Mitwelt) machen. Für von Ferne diagnostizierte Probleme werden häufig die falschen Lösungen gefunden.
- **Reales Wissen:** Beim betrachten der realen Sache am realen Ort besteht die Möglichkeit, diejenigen genauestens zu befragen und deren Wissen zu nutzen, die von dem Problem direkt betroffen sind. Diese Personen kennen häufig sowohl die Ursachen des Problems als auch die entsprechenden Lösungsalternativen.

Visuelles Management fasst alle drei Begriffe zusammen. Es ist eine Methode, mit deren Hilfe sich jede Führungskraft und jeder Mitarbeiter schnell einen Überblick (reales Wissen) über alle wichtigen Prozesse (reale Sache) vor Ort verschaffen kann. Folgende Aufgaben müssen Führungskräfte dabei übernehmen:

- auf einheitliche Visualisierungsmöglichkeiten einigen,
- die Umsetzung unterstützen und gewährleisten,
- regelmäßig vor Ort gehen,
- die Erfolgskontrolle begutachten,
- die Mitarbeiter bei der Lösung von Problemen und Verbesserung von Prozessen unterstützen.

WAS BRINGT ES?

Ziel des visuellen Management ist es, Probleme für die Mitarbeiter umgehend sichtbar zu machen, sodass diese die

Prozesse selbst steuern und verbessern können. Führungskräfte unterstützt es, indem es einen ständigen und kontinuierlichen Kontakt zur Basis gewährleistet bzw. erfordert. Es schafft Transparenz und gewährleistet das Verfolgen der Ziele.

Durch das visuelle Management wird nicht das gesprochene Wort ersetzt, sondern vielmehr regelmäßige Diskussion angeregt.

Die an Schautafeln zusammenfassend und übersichtlich dargestellten Informationen bzgl. der zu realisierenden Ziele dienen dazu:

▶ Informationen für alle transparent und dadurch schnell verfügbar zu machen,
▶ Fortschritte von den Mitarbeitern zu dokumentieren,
▶ frühzeitig Probleme zu erkennen,
▶ die Motivation der Mitarbeiter aufrecht zu erhalten,
▶ die Aufmerksamkeit von Mitarbeiter und Führungskräften bei Ergebnisrücksprachen zu konzentrieren,
▶ den Redeaufwand zu verkürzen,
▶ sicherzustellen, dass alle von derselben Sache sprechen,
▶ den Mitarbeitern und Führungskräften eine Orientierungshilfe zu geben,
▶ Informationen leicht(er) erfassbar zu machen,
▶ Probleme schneller zu lösen,
▶ Mitarbeiter zu Stellungnahmen zu ermuntern und
▶ die Kreativität zu fördern.

Da visualisierte Aussagen eine gleiche Interpretation z. B. der Ergebnisse bei allen Teilnehmern bzw. Beobachtern ermöglichen, wird die Chance erhöht [Klebert; Schrader; Straub 2001]:

▶ Probleme besser diskutieren zu können,

▶ die Teilnehmer bzw. Beobachter auf einen gemeinsamen Punkt zu konzentrieren,

▶ wesentliche von unwesentlichen Informationen zu trennen,

▶ eine (unnötige) Informationsüberflutung zu vermeiden,

▶ simultan zur Gruppenarbeit bzw. zur Besprechung die Problemlösung festzuhalten,

▶ einen Informationsverlust zu vermeiden,

▶ einen sofortigen Zugriff auf die in einer Gruppenarbeit oder Besprechung erarbeiteten Ergebnisse und Zusammenfassungen zu haben,

▶ eine sofortige Dokumentation und Informationsweitergabe zu realisieren sowie

▶ individuelle Interpretationen z.B. beim Verfassen von Protokollen zu vermeiden.

WIE GEHE ICH VOR?

Damit Mitarbeiter selbstverantwortlich handeln können, müssen ihnen alle notwendigen Informationen zur Verfügung gestellt werden. Sie können dann ihre Kreativität bei der Gestaltung einer aussagekräftigen Visualisierung entfalten. Für einen optimalen Erfolg gilt es jedoch, folgende Schritte zu berücksichtigen:

▶ Planen der Visualisierung,

▶ Gestalten der Visualisierung,

▶ Pflegen und Verbessern der Visualisierung,

▶ Nutzen der Visualisierung.

Visuelles Management ist dann gelungen, wenn selbst ein Außenstehender, der über keinerlei Informationen über das Unternehmen verfügt, die wesentlichen Aufgaben, Abläufe, Ziele und Probleme des jeweiligen Teams sowie dessen Beziehungen zu anderen Unternehmensbereichen erkennen kann.

10.1 Planen der Visualisierung

Zunächst müssen die Informationen gesammelt und selektiert werden. Dafür ist es notwendig, sich Klarheit über Ziel und Inhalt der Visualisierung zu verschaffen. Folgende Fragen sind dafür hilfreich:

Welche Themen müssen unbedingt transparent sein?

Visualisiert werden können z. B.:

► Abläufe (Produktions- und Planungsprozesse),
► Strukturen (Team, Kunden, Lieferanten),
► Ziele (Ergebnis-, Prozess- und Verhaltensziele mit entsprechenden Kennzahlen),
► standardisierte Vorgehensweisen,
► geplante Maßnahmen,
► Ergebnisse, Probleme und
► Diskussionen.

Wozu dient die Visualisierung?

► Leichter Zugriff zu den arbeitsplatzspezifischen Informationen für Mitarbeiter und Führungskräfte,
► Darstellen von Status quo, Zielen und Aufgaben,

▶ Kontinuierliches und konsequentes Darstellen der Fortschritte,
▶ Regelmäßige Reflexion der Ergebnisse durch die Mitarbeiter,
▶ Früherkennung von Problemen und Schwachstellen,
▶ Erhöhung der Selbstverantwortung der Mitarbeiter,
▶ Regelmäßiges vor Ort gehen durch die Führungskräfte,
▶ Diskussion der Ergebnisse und Probleme mit den verantwortlichen Mitarbeitern.

 Das Visualisieren von Prozessen, Aufgaben, Zielen und Ergebnissen schließt sich nahtlos an die oben beschriebenen Methoden an.

10.2 Gestalten der Visualisierung

Jede Visualisierung benötigt einerseits die inhaltlichen Elemente, die dargestellt bzw. vermittelt und andererseits die Medien, mit denen Informationen physikalisch aufbereitet werden sollen. Beide zusammen sind die Gestaltungselemente bzw. Bausteine der Visualisierung.

Gestaltungselemente sind z. B. Symbole, die zum Verdeutlichen und/oder Hervorheben von Informationen, zum Auflockern „trockener" Themen sowie zur Förderung von Kreativität dienen. Die eingesetzten Mittel und Formen der Darstellung sollen das Gesagte deutlich ausdrücken. Es ist darauf zu achten, Farben und Formen zielgerichtet einzusetzen, denn dann schaffen sie Klarheit über Gedankengänge bzw. den Zusammenhang von Sachverhalten. Das Hervorheben von Überschriften bzw. wichtiger Themen dient der gemeinsamen Konzentration auf einen Gedanken.

Das Team muss daher entscheiden, welche **Gestaltungsele-mente und Bausteine für eine Visualisierung** verwendet wer-den. Folgende Fragen stellen sich:

Wo soll visualisiert werden?

Visualisiert werden kann:

▶ in Konferenz- bzw. Aufenthaltsräumen,
▶ in Fluren und Gängen,
▶ am Arbeitsplatz,
▶ in der Cafeteria,
▶ im Intranet etc.

Wie soll visualisiert werden?

Visualisiert wird durch:

▶ Text,
▶ Grafiken,
▶ Symbole,
▶ Diagramme,
▶ Tabellen etc.

Womit soll visualisiert werden?

Visualisiert wird mit Hilfe von:

▶ Metaplan,
▶ Tafel mit Kreide,
▶ Magnettafeln,
▶ Overhead-Folien,
▶ Fotos etc.

10.3 Pflegen und Verbessern der Visualisierung

Insbesondere zum Entwickeln und Aufrechterhalten des selbstverantwortlichen Handelns der Mitarbeiter ist es notwendig, dass die Visualisierung der Ergebnisse kontinuierlich und konsequent durchgeführt werden.

Nur so können die Mitarbeiter Probleme frühzeitig erkennen und die Ziele der Teams motiviert verfolgen.

 Visualisierungen, die nicht regelmäßig auf den neuesten Stand gebracht werden, interessieren in kürzester Zeit keinen Menschen mehr und führen schnell zu Frustration über die investierte Zeit.

Daher ist es wichtig, die Pflege und ständige Verbesserung der Visualisierung von vornherein zu vereinbaren. Folgende Fragen stellen sich:

▶ **Wer** kümmert sich um die regelmäßige Pflege der Visualisierung? (Z. B. wird ein Kümmerer vom Team ausgewählt, der überprüft, ob die Ergebnisse regelmäßig eingetragen werden.)

▶ **Wann** und **von wem** werden die Ergebnisse eingetragen? (Z. B. ist jedes Teammitglied für einen bestimmten Prozess verantwortlich. Die Ergebnisse dieses Prozesses werden von ihm einmal pro Tag eingetragen.)

▶ **Wo** werden abgeschlossene Prozesse abgelegt?

▶ **Wann** und **wie** werden Verbesserungen der Visualisierung vorgenommen? (Z. B. regelmäßige Besprechungen)

10.4 Nutzen der Visualisierung

Die Visualisierungen erhalten die nötige Wirksamkeit, wenn regelmäßige Besprechungen der Probleme und Fortschritte stattfinden. Als Faustregel gilt:

▶ Tägliche Treffen mit allen Teammitgliedern,
▶ Wöchentliche Treffen mit der Führungskraft,
▶ Monatliche Treffen mit der nächsthöheren Führungskraft.

 Lobenswert wäre, wenn sich zumindest einmal im Monat der Unternehmensleiter vor der Schautafel einfinden und mit den Mitarbeitern die Erfolge und Probleme diskutieren würde.

Ohne Visuelles Management besteht die Gefahr, dass wenn sich z. B. ein Vorstandsmitglied ankündigt, hektischer Aktionismus bzgl. der Präsentation insbesondere bei den Führungskräften ausbricht und Probleme auf Grund der Intransparenz kaschiert werden.

Bei einem gut funktionierenden visuellen Management sind alle arbeitsplatzspezifischen Informationen so verfügbar, dass sich selbst ein Außenstehender schnell einen Überblick über die Aufgaben, Abläufe und Ziele des Teams verschaffen kann.

Jeder Mitarbeiter des Teams ist in der Lage, folgende Fragen zu beantworten:

▶ Was ist der Auftrag des Teams?
▶ Welche Ziele hat das Team?
▶ Mit welchen Kennzahlen werden sie gemessen?
▶ Welche Prozesse laufen hier ab?
▶ Wo gibt es Probleme?

▶ Welche Verbesserungen wurden bereits durchgeführt?
▶ Welche Verbesserungen sind geplant?
▶ Wird der Zeitplan eingehalten?
▶ Wann und wie werden Erfolgsberichterstattungen durchgeführt?

In Bild 20 ist eine KVP-Schautafel beispielhaft dargestellt.

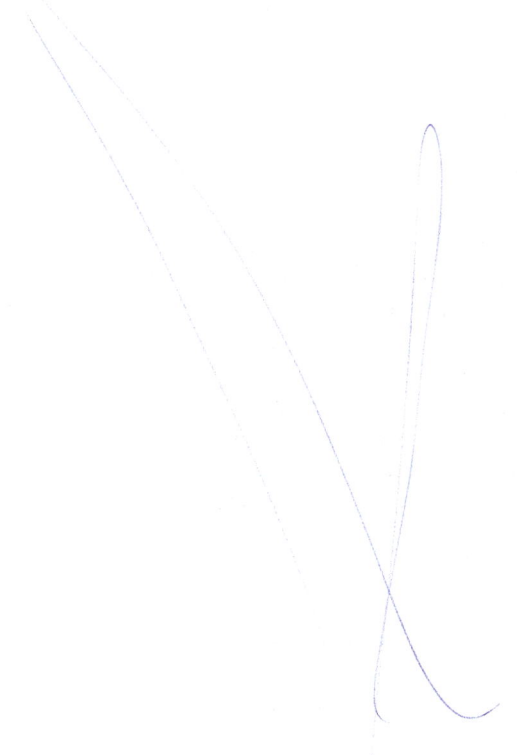

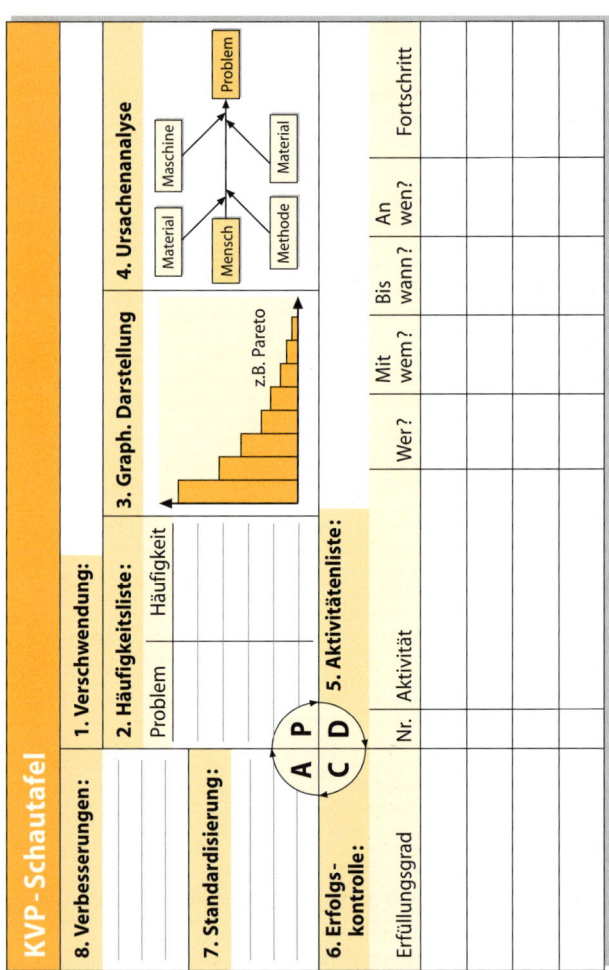

Bild 20: *KVP-Schautafel*

Literatur

Alle Pocket Power-Bände, siehe innere Umschlagseiten.

Agamus Consult: Die KVP-Studie: Teil I: Lagefeststellung. Teil II: Lagebeurteilung. Starnberg: Agamus Consult 1996.

Al-Radhi, M.: Total Productive Management. München: Hanser 2002.

Antons, K.: Praxis der Gruppendynamik. 8., durchges. und erg. Aufl. Göttingen u. a.: Hogrefe 2000.

Becker, H.; Langosch, I.: Produktivität und Menschlichkeit. Organisationsentwicklung und ihre Anwendung. 4., erw. Aufl. Stuttgart: Enke 1995.

Comelli, G.: Qualifikation für Teamarbeit: Teamentwicklung. In: Rosenstiel, L. v.; Regent, E.; Domsch, M.: Führung von Mitarbeitern. 4., überarb. und erw. Aufl. Stuttgart: Schäffer 1999.

Deming, W. E.: Out of the Crisis. Cambridge, Mass.: MIT-Press 1986.

Francis, D.; Young, D.: Mehr Erfolg im Team. 5. Aufl., unveränd. Nachdruck. Hamburg: Windmühle 2001.

Füermann, T.; Dammasch, C.: Prozessmanagement. München: Hanser 2002.

Haberfellner, R.; Nagel, P.; Becker, M. (Hrsg.): Systems engineering Zürich: Industrielle Organisation 1999.

Hummel, T.; Malorny, C.: Total Quality Management. München: Hanser 2002.

Hummel, T.: Ziel- und Verbesserungsplanung. In: Kamiske, G. F. (Hrsg.): Der Weg zur Spitze. München: Hanser 2000.

Imai, M.: KAIZEN – Der Schlüssel zum Erfolg der Japaner im Wettbewerb. München: Ullstein 7. Aufl. 2001.

Imai, M.: Gemba Kaizen – Permanente Qualitätsverbesserung, Zeitersparnis und Kostensenkung am Arbeitsplatz. München: Wirtschaftsverlag Langen Müller 1997.

Kamiske, G. F.; Brauer, J.-P.: Qualitätsmanagement von A–Z. München: Hanser 1999.

Kamiske, G. F. (Hrsg.): Der Weg zur Spitze. München: Hanser 2000.

Klebert, K.; Schrader, E.; Straub, W. G.: Moderationsmethode. Das Standardwerk. 8., überarb. Aufl. Hamburg: Windmühle 2001.

Kostka, C.: Coachingtechniken. München: Hanser 2002.

Kühl, S.; Kullmann, G.: Gruppenarbeit. München: Hanser 2002.

Maaß, E.; Ritschl, K.: Teamgeist. Spiele und Übungen für die Teamentwicklung. Jungfermann: Paderborn 1997.

Malorny, C.; Langner, M. A.: Moderationstechniken. München: Hanser 2002.

Malorny, C.; Schwarz, W.; Bacherra, H.: Kreativitätstechniken. München: Hanser 2002.

Radtke, P.; Wilmes, D.: European Quality Award. München: Hanser 2002.

Rosenstiel, L. v.; Regent, E.; Domsch, M. (Hrsg.): Führung von Mitarbeitern: Handbuch für erfolgreiches Personalmanagement. 4., überarb. und erw. Aufl. Stuttgart: Schäffer 1999.

Suzaki, K.: Die ungenützten Potenziale – Neues Management in Produktionsbetrieben. München: Hanser 1994.

Siemens: Ziele vereinbaren und verfolgen. FührungskräfteTraining, Basistexte zur Personalführung. Zentralabteilung Personal 1995.

Theden, P.; Colsman, H.: Qualitätstechniken. München: Hanser 2002.

Tikart, J.: Vertrauen ist der Nährboden für Unternehmensqualität. In: Qualität und Zuverlässigkeit (QZ) 1993, Jg. 38, Nr. 8, S. 440–441.

Tomys, A.-K.: Kostenorientiertes Qualitätsmanagement. München: Hanser 1995.

Wolter, O.: TQM Scorecard. München: Hanser 2002.

 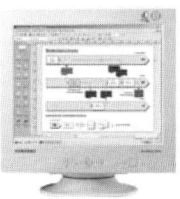